음모론의 시대

음모론의 시대

제1판 제1쇄 2014년 12월 1일
제1판 제3쇄 2021년 10월 5일

지은이 전상진
펴낸이 이광호
펴낸곳 ㈜문학과지성사
등록번호 제1993-000098호
주소 04034 서울 마포구 잔다리로7길 18(서교동 377-20)
전화 02) 338-7224
팩스 02) 323-4180(편집) 02) 338-7221(영업)
전자우편 moonji@moonji.com
홈페이지 www.moonji.com

ISBN 978-89-320-2673-2

음모론의
시대

전상진 지음

문학과지성사
2014

일러두기

1. 이 책의 최초 구상은 다음의 글에서 시작되었다. 전상진, 「음모론, 신정론의 세속적 후계자」, 이재혁 외 지음, 『현대사회와 베버 패러다임』, 나남, 2013, pp. 183~216.

2. 본문 인용 부분 중 〔 〕의 내용은 모두 저자가 덧붙인 것이다.

서문

격변은 혼란을 낳고, 혼란은 음모론을 키운다. 음모론은 때때로 중요한 역사적 역할을 수행한다. 예컨대 미국의 독립 전쟁 당시 영국과 식민지 관료들을 겨냥한 음모론은 식민지인들이 독립의 열망과 당위성을 공유하는 데 지대한 영향을 미쳤다. 프랑스 혁명도 마찬가지였다. 정치 세력들은 물론이고 일반 농민에 이르기까지 모두 나름의 음모론을 통해 세상을 관찰하고 이해하면서, 뭉치고 싸우고 살아냈다. 혁명기 러시아나 중국, 나치의 독일에서도 마찬가지였다. 물론 사회적 격변만이 음모론의 온상이 되지는 않는다. 음모론은 언론과 대중문화가 주목하는 '핫 아이템'이다. 언론이 음모론의 잠재력에 주목하면서, 음모론적 사유의 장악력은 커져갔다. 특히 셀러브리티(가령 미국 배우 마릴린 먼로, 영국의 다이애나 왕세자비, 정치인이지만 연예인보다 더 큰 대중의 사랑을 받던 미국 대통령 존 F. 케네디)의 느닷없는 죽음에 음모론이 가미되면 최고의 언론 상품이 된다. 갑작스런 사건·사고를 음모론으로 설명하는 것은 대중의 주목을 끄는 데 최적의 수단이기 때문이다. 그래서 영화, 음악, 문학과 같은 대중문화에서도 음모론은 매우 중요한 주제이자 수단이 될 수 있었다. 과장해서 말하면, 격변이 지속되고 대중문화와 언론이 힘을 발휘하는 근대를 음모론의 시대라 부를 수 있다.

흥미로운 점은 음모론conspiracy theories이란 용어의 때늦은 '인정'이다. 이 서문을 쓰는 지금 구글로 음모론을 검색해보니 결과가 무려 1490만 개에 달한다. 이토록 뜨거운 관심이 공식적으로 인정된 것은 그러나 그리 오래되지 않았다. 음모론이 『옥스퍼드 영어사전』, 더 정확하게는 사전의 「보충판Supplement」에 등재된 때는 1997년이다.[1] 사실 이 용어가 정확히 언제부터 쓰였는지는 알 수 없다. 미국의 경우 처음으로 학술적 관심을 받은 것은 1909년 『미국 역사 논평American Historical Review』이라는 학술지에서였다. 1950년

---

1) Peter Knight(ed.), *Conspiracy Nation: The Politics of Paranoia in Postwar America*, New York & London: New York University Press, 2002, p. 17.

대에 칼 포퍼가 이 용어를 대중화시켰고, 1960년대에 리처드 호프스태터가 본격적인 사회과학적 분석을 수행한 바 있지만, 오랜 휴지기를 거쳐 1990년대에야 비로서 연구자들의 관심을 받게 되었다. 이를테면 서구의 대중과 전문가는 음모론에 대한 관심에서 큰 온도 차를 보였다. 뜨거운 대중적 관심, 하지만 전문가들의 마지못한, 그래서 서늘한 관심. 한국의 사정도 크게 다르지 않다. 과거 권위적 정권에서 유언비어나 '고급 정보'로 불렸던 음모론에 대해 대중은 예나 지금이나 큰 관심을 보인다. 그러나 전문가들은 이를 홀대한다.[2] 대중의 뜨거운 관심에 대비되는 전문가의 냉소, 혹시 이런 관심의 온도 차가 사회과학이 홀대받는 이유가 아닐까? 많은 사람들이 알고 싶어 하는 사안에 대해 답은커녕 관심조차 기울이지 않기 때문에? 물론 사정이 그리 간단치는 않다. 내가 음모론에 관심을 갖게 된 과정을 살피면 그 사정을 대략 짐작할 수 있다.

어떤 주제에 관심을 갖게 된 시기나 계기를 명확히 기억하는 일은 흔치 않다. 하지만 나는 음모론과 관련한 내 관심이 언제, 어떤 까닭에서 비롯한 것인가를 정확히 기억한

---

2) 내가 알기로, 한국에서 음모론에 대한 본격적인 사회과학적 분석은 다음의 논문에서 시작되었다. 김종영, 「'황빠' 현상 이해하기: 음모의 문화, 책임전가의 정치」, 『한국사회학』 제41집 제6호, 한국사회학회, 2007, pp. 75~111.

다. 그것은 2008년 5월경이었다. 당시 나는 음모론의 오묘한 쓸모에 주목할 수밖에 없었다. 음모론은 저항('촛불')의 불쏘시개였지만, 또한 저항을 분쇄하는 조치를 정당화했다. 이 오묘한 쓸모를 규명하는 것이 이 책의 핵심 주제다. 고백하자면, 나는 사회학자로서 '지금 이 땅'에 사는 것이 큰 행운이라 생각한다──시민으로서는 전혀 그렇지 않다. 빠르고 심대하며 예측할 수 없는 변화는 무수한, 그것도 무주공산으로 남아 있는 새로운 탐구 대상들을 제공하기 때문이다. 음모론도 바로 그런 주인 없는 산이다. 사회학적 수련을 받은 등산가로서 이런 산이 탐나지 않을 수 없다. 험로가 두렵지만, 게다가 선배들이 개척한 등산로조차 없기에 고되지만 이 산을 오를 수밖에 없었다. 전문 등산가들은 이 산을 외면하지만, 일반 등산객들의 관심은 매우 높다. 이것이 탐구 주제로서 음모론을 더욱 매력적으로 만드는 이유다.

21세기의 한국 사회는 서툴거나 치밀한, 거칠거나 섬세한, 조출하거나 광범위한 음모론이 차고 넘친다. 2011년 중앙선거관리위원회에 가해졌던 '디도스 공격'이나 2013년 국가기관들의 광범위한 대선 개입과도 같은, 정말 터무니없어 보이는 음모론이 실제 음모로 밝혀지는 세상이다. 어떻게 그런 일이 가능할까? 어떤 '거대한 힘'이 모든 것을 관장한다는 느낌을 떨칠 수 없다. 그래서 우리는 이렇게 말할 수 있다. 현재 우리는 모두 편집증에 걸려 있다. 피해망상, 불신, 끝없는 의구심, 무력감, 이런 느낌과 감정은 음모론의 임상심리학적 버전인 편집증의 전형적 증상이다. 편집증자는 음모론을 통해 세계를 관찰하고 인식한다. 그렇다. 우리는 모두 편집증에 걸린 음모론자가 되었다!

세계 관찰과 인식의 중요한 방법이 된 음모론에 사회학자이자 시민인 내가 관심을 갖는 것은 어찌 보면 당연한 일이다. 그러나 어떤 의미에서 위험한 일이기도 하다. 음모론에 관심이 있다고 이야기했을 때 주변의 반응은 비슷했다. 처음엔 약간 놀라는 듯하다가, 바로 비릿한 웃음으로 바뀌고, 결국엔 걱정과 우려로 끝났다. '응? 시간 많나 봐. 대체 왜 그런 이상한 것에 관심을 갖지. 그러다 진짜 음모론에 빠지는 거 아니야? 쉽게 헤어 나오지 못할 텐데……' 사실 놀라는 표정은 기대했던 바다. 원래 혁신은 놀라움에서 시작한다. 비릿한 웃음도 예상했다. 내 작업은 음모론을 이해하고 그것의 쓸모를 밝히는 것이지 또 다른 음모론을 만드는 것이 아니니 상관없다. 하지만 주변의 걱정은 예상치 못한 것이었다. 그것은 생각보다 강했다. 마치 치명적인 위험 물질을 다루는 사람을 걱정하는 듯했다. 걱정해주는 것이야 당연히 감사한 일이지만, 오히려 내 호기심을 더 키웠다. 음모론에 관심을 두는 것을 왜 걱정할까? 이 질문에 답하면 앞서 말한 의문, 곧 대중과 전문가 사이에 나타나는 관심의 온도 차를 이해할 수 있다.

　음모론과 음모론자란 딱지가 위험하기 때문이다. 일상생활에서도 확인할 수 있다. 친목 모임에서 이야기를 나누던 중에 한 사람이 어떤 주장을 했다고 치자. 그럴듯한 논리와 나름 믿을 만한 근거를 지닌 듯 보이던 주장에 음모론이란 딱지가 붙는 순간, 그것은 비합리적이며 들을 가치가 없는 이야기로 전락한다. 아랑곳하지 않고 박력 있게 주장을 거듭한다면, 그는 음모론자가 된다. 음모론자라는 낙인, 더불어 편집증 환자라는 낙인은 그 사람이 말하는 것은 무엇이든 믿지 못하게 만든다. 낙인은 공론장 출입을 제한하는 매우 효과적인, 그래서 "위험한 장치"다.[3] 일종의 검열 장치로서 그것은 말할 수 있는 권리와 의무를 관리한다. 공적인 사안에 대한 논쟁과 갈등이 일어나는 곳에서 권력은 자신에 대한 비판적 견해를 음모론이란 낙인을 찍어 탄압하고 배제한다. 나와 같은 사회학자들은 비교적 사정이 낫다. 그냥 비웃음과 걱정만 들을 일이다. 하지만 첨예한 사회적 사안과 관련하여 공적 영역에서 음모론자로 낙인찍힌 사람들은

---

3) Ginna Husting·Martin Orr, "Dangerous Machinery: 'Conspiracy Theorist' as A Transpersonal Strategy of Exclusion," *Symbolic Interaction* 30(2), 2007, p. 128.

거대한 폭력에 노출된다. 고발당하거나 벌금을 물거나 형을 살거나 최악의 경우 목숨을 잃기도 한다.

한 사회에서 음모론이 유행하고 음모론이란 딱지가 횡행한다는 것은 그 사회가 위기에 처했음을 보여주는 징후다. 처참한 결과를 가져온 사건이 발생했다 치자. 사건을 처리하는 방식이나 원인을 묻고 따지는 과정에서 미심쩍은 사안들이 발견되었다. 이를 당사자나 주위 사람들이 문제 삼았다. 그런데 책임 당국은 명확히 답하지 않았다. 답답해진 사람들이 더 큰 목소리로 묻자, 당국은 이에 답하기는커녕 어물쩍 넘어가려 했다. 단지 미심쩍을 뿐이었던 것이 확고한 의심으로 발전하는 순간이다. 비판의 목소리가 더 커지자 당국은 이렇게 답했다. '당신들, 우리를 믿으라는 데 자꾸 왜 그래? 무슨 의도가 있는 거 아냐? 대체 배후가 누구야? 누가 조종하는 거야?' 만약 당국이 의혹을 풀려 노력하고 비판에 답한다면 더 이상 아무런 일도 생기지 않는다. 아니, 그런 사고가 다시 일어나지 않도록 필요한 조치를 취하는 소중한 계기가 될 것이다. 그러는 대신 의심과 비판을 묵살하고 탄압하면 사달이 난다. 원인을 알 수 없기에 사고가 다시 발생할 수 있으며, 처리 과정의 문제를 따지지 못했기에 이전의 잘못을 재연할 소지가 커진다. 그리고 합리적 의혹과 정당한 비판을 탄압했기에 의심과 비판은 더 공고해지고 확산된다. 음모론은 이런 과정의 불가피한 결과물이다. 묵살과 낙인과 탄압은 의혹과 불신과 음모론을 더욱 키운다. 더 커진 불신과 음모론은 더 큰 낙인과 탄압을 받는다. 그렇게 음모론과 탄압의 악순환은 심화된다. 이런 곳에서 민주주의가 제대로 작동할 리 없다. 요컨대 음모론의 유행과 음모론 낙인의 횡행은 그 사회의 민주주의가 위협받는다는 결정적 증거다.

우리가 사는 세계를 서술하고 해석하고 설명하는 일, 그리고 세계가 처했을 수도 있는 위험을 경고하는 일은 사회학자의 주된 임무다. 주변의 비웃음과 걱정과 낙인과 위협에 아랑곳하지 않으면서 "단단한 널빤지를 강하게 그리고 서서히 뚫는 작업"[4]은 고단하다. 해서 나는 내 "삶을 조종하는 데몬Dämon을 좇아 그에게 복종"[5]하는 방법을 쓰기로 했다. 이 책에서 나의 데몬[6]은 막스 베버다. 그의 유산은 너무나도 경이롭다. 그러나 내가 베버의 종교사회학, 그것도 신정론神正論[7]과의 비교를 통해 음모론을 분석하려고 마음

4) 막스 베버, 『직업으로서의 정치』, 전성우 옮김, 나남, 2007, p. 141.

5) 막스 베버, 『직업으로서의 학문』, 전성우 옮김, 나남, 2006, p. 87.

6) 데몬은 악마나 사탄, 귀신을 가리키는 말이지만 "인간과 신 사이의 중간적 위치를 차지하는 영적 힘"을 뜻하기도 한다(같은 책, p. 68의 주석 28을 참조). 여기서 데몬은 후자를 말한다.

7) 신정론은 변신론辯神論, 신의론神義論 등으로도 번역되는데, 고통, 악, 죽음과 같은 현상을 신의 존재에 의거하여 정당화하려는 믿음 체계를 말한다.

먹은 데는 지극히 얄팍한 고려도 한몫했다. 이 정도 인물을 버팀목으로 쓴다면 비웃음이나 걱정, 무엇보다 낙인과 위협을 없애거나 줄일 수 있겠지.

물론 베버를 끌어들인 이유가 그것만은 아니다. 그의 작업은 음모론에 대한 인식을 다섯 가지 점에서 풍성하게 만든다. 첫째, 베버는 신정론이 기대와 현실의 '간극discrepancy'[8]을 문화적으로 채우는 노력이라는 점을 밝혔다. 기대와 현실 사이에 생긴 간극은 고통의 발원지다. 그 간극을 의미로 채우는 것, 바로 그것이 문화의 존재 이유다. 둘째, 베버는 간극을 채우는 문화적 노력인 신정론이 다른 것으로 대체될 수 있다는 점을 밝혔다. 나는 음모론이 신정론을 대체할 수 있다고, 즉 신정론과 같은 문화적 쓸모를 지닌다고 주장할 것이다. 셋째, 베버는 간극에서 오는 고통과 곤경이 사회적 위치에 따라 다르며, 그들 각각이 선호하는 신정론도 다르다는 것을 보여주었다. 나는 음모론도 마찬가지라고 주장할 것이다. 넷째, 베버는 서로 경쟁하는 사회 집단들이 신정론

---

8) 베버 자신이 '간극'이라는 표현을 쓴 것은 아니다. 이 표현은 탈콧 파슨스에서 비롯한다. 베버의 『종교사회학』 영어판 서문에서 파슨스는 "베버의 근본적인 입장"은 종교적 기대와 현실의 "간극"이 "불가결하다는 것"이라 하면서, 특히 그것이 문제가 되는 때는 신자들의 물질적 "'이익'에 반하는 일이 발생할 때가 아니라 〔윤리적으로〕 '무의미'한 일이 발생할 때"라고 설명한다 (Talcott Parsons, "Introduction," Max Weber, *The Sociology of Religion*, Beacon Press, 1966, xvii).

을 정치적으로 활용한다고 주장했다. 나는 음모론도 사회 집단의 지위 경쟁에서 동일한 정치적 용도로 쓰인다는 점을 밝힐 것이다. 다섯째, 베버는 근대를 살아가는 방편으로 책임윤리를 제안했다. 나는 그의 제안이 책임을 위기에 처하게 만든 음모론의 시대 또는 책임의 위기에서 비롯한 음모론의 시대에도 유효하다고 주장할 것이다.

차례

1장

음모론의 시대

모든 고통에는 이유가 있다

고통은 어떻게든 설명되어야 한다. 설명은 그 까닭을 밝히고 죄인을 쫓고 책임자를 색출한다. 크고 작은 고통은 언제나 있었고 앞으로도 그럴 것이다. 고통 없는 삶과 세계는 현실일 수 없다. 고통 자체는 아직 문제가 아니다. 이유를 알 수 없고, 의미를 찾을 수 없고, 정당한 것으로 받아들일 수 없으며, 무엇보다 고통을 일으킨 죄인이나 책임자를 찾을 수 없을 때 비로소 문제가 된다. 가령 굶주림은 고통스럽다. 하지만 모두가 굶주리면—당연히 힘든 일이지만—아직 문제가 아니다. 다음의 질문에 답하지 못하면 큰 문제가 된다. 열심히 일하는데 왜 굶주리지? 우리는 굶주리는데 잘 먹고 잘사는 사람이 있다고? 착한 우리는 불행한데 악한 그들은 왜 행복한 거지? 있을 수밖에 없는 고통을 설명하는 것 또는 설명하여 관리하는 것, 그것이 '문화'의 과업이다. 이유를 모르면, 납득하지 못하면, 의미를 찾지 못하면, 정당화되지 않으면 고통을 인내할 수 없다. 설명되지 않는 고통은 혼돈을 야기한다. 혼돈은 파국 자체이거나 그것으로 가는 지름길이다. 종교를 위시한 문화적 장치들은 고통의 이유를 밝히고 의미를 제공하여 혼돈을 관리한다. 음모론의 과업도 그것이다. 음모론은 죄인을 쫓고 책임자를 색출하여 고통을 설명하는 이론이다.

사회적 고통은 행동과 그 결과가 일치하지 않을 때, 다른 사람과의 격차가 커질 때 발생한다. 행한 바가 실제 사정과 일치하지 않으면 세상은 공정하지 못한 것이다. 재화와 행운이 부당하게 분배되면 세상은 더 이상 정의롭지 못한 것이다. 말하자면, 기대에 현실이 미치지 못하여 그 '간극'이 커질 때 문제가 생긴다. 간극에서 비롯한 불공정, 불만족, 부정의, 불평등은 고통을 참아내기 힘들게 만든다. 종교나 정치 이데올로기와 마찬가지로 음모론은 고통 자체를 없애지는 못한다. 다만 그것의 까닭을 알려주어, 고통에서 비롯한 감정적이며 도덕적인 곤경에서—비록 상상적일망정—빠져나올 수 있도록 돕는다.

고통을 설명하고 관리하는 방식은 시대에 따라 다르다. 고통의 총량을 기준으로 과거와 현재를 비교할 수는 없다. 하지만 오늘날의 사람들이 고통에 더 민감해진 것은 분명하다. 이유는 두 가지다. 첫째, 과거에 비해 현재의 세계가 불공정과 불만족과 부정의와 불평등에 더 예민해졌기 때문이다. 평등, 민주주의, 능력주의 또는 업적주의의 이념이 세계에 대한 감각의 근거이자 척도가 되었다. 둘째, 오래전부터 고통을 설명하던 이론들이 힘을 잃었기 때문이다. 오랫동안 종교, 더 정확하게는 신정론이 고통을 설명했다. 사람들은 신이 고통을 없애준다고 약속했기에 그를 믿었다. 그런데 현실에서 고통은 여전했다. 이런 불일치 혹은 비합리의 경험은 종교에 대한 큰 도전이다. 이를 해결하는 것이 신정론이다. 신이 존재함에도 고통이 생기는 까닭을 알려주어 신을 변호하고 정당화하는 것이다.

고통의 설명에서 오랫동안 독점적 위치를 차지해온 신정론은 근대 사회가 도래하면서 어려움에 봉착했다. 막스 베버는 20세기 초 독일의 많은 프롤레타리아트가 무신론자가 된 이유를 다음과 같이 설명한다. "가령 1906년에만 해도, (상당수의) 무산자들에게 왜 기독교를 믿지 않는가라고 물은 결과 단지 소수만이 근대의 자연과학적 이론들을 그 근거로 제시했고, 다수는 현세적 세계질서의 '불공정성'을 기독교 불신의 근거로 제시했다."[1] 그들은 과학적 지식을 습득하면서 기독교에 등을 돌린 것이 아니다. 그들이 교회를 등진 까닭은 교회가 자신들의 고통에 "만족할 만한 답"을 주지 못했기 때문이다. 종교는 고통, 더 구체적으로 말하자면 "왜 우리의 업적과 우리의 현실적 처지는 일치하지 않는"지를, "행운의 분배"[2]가 부당하게 이뤄지는지를 설명하지 못했다. 그래서 사람들은 교회를 떠났다. 대신에 그들이 찾은 교회 밖의 '세속적 신정론'[3]은 바로 "현세 내에서의 혁명적 보상"[4]을 약속하는 정치 이데올로기였다.

---

1) 막스 베버, 『종교사회학 선집』, 전성우 옮김, 나남, 2008, p. 143.

2) 같은 책, p. 142.

3) 나는 음모론을 세속적 신정론, 더 일반적 표현을 쓰자면 사회정론社會正論, sociodicy의 한 유형으로 본다. 사회정론이라는 표현이 쓰일 수 있는 근거는 사회의 변화에서 찾을 수 있다. 과거 신이 차지하던 위치를 이제 사회가 차지하게 되었다. 신정론이 신의 존재가 의심되는 상황에도 불구하고 신의 정당성을 옹호하는 것이라면, 사회정론은 여러 사회적 문제에도 불구하고 사회의 정당성을 옹호하는 것이다(David G. Morgan·Iain Wilkinson, "The Problem of Suffering and The Sociological Task of Theodicy," *European Journal of Social Theory* 4(2), 2001, p. 200를 참조하라). 요컨대 사회정론은 기존 체계와 질서를 정당화하는 데 쓰이는 이론이다. 이런 맥락에서 피에르 부르디외는 양자의 기능적 등가성, 즉 쓸모의 유사성에 집중한다. 신의 이름으로 사회적 기득권을 정당화하는 "신정론은 언제나 사회정론이기도 하다"(Pierre Bourdieu, *Religion, Schriften zur Kultursoziologie* 5, Stefan Egger·Franz Schultheiß(eds.), Frankfurt am Main: Suhrkamp, 2011, p. 57). 모건과 윌킨슨은 사회정론을 "근대적 세계에 대한 이상적 기대와 실제 경험의 현격한 간극을 좁히는 문화적 해결책"(David G. Morgan·Iain Wilkinson, 같은 글, p. 201)으로 정의한다.

4) 막스 베버, 같은 책, p. 144.

최근 정치에 대한 무관심이 커지는 이유도 결국 이 때문이다. 정치적 이데올로기는 더 이상 사람들의 고통을 설명하지 못하고 있다. 종교와 정치의 설득력이 약화되면서 발생한 설명의 빈자리를 다른 세속적 신정론이 탐하기 시작했다. 바로 음모론이다. 고통을 설명하는 문화적 장치라는 점에서 신정론과 이데올로기와 음모론은 같다. 물론 차이가 있다. 신정론과 이데올로기가 밝은 곳에서 활약한다면, 음모론은 어두운 곳에서 활동한다. 양지와 음지의 차이는 사회적 인정의 차이다. 신정론과 이데올로기는 사회적으로 인정된 고통의 이론이다. 반면 음모론에 대한 사회적 인정은 매우 박하다. 그 이유와 사연은 결코 단순하지 않다. 이를 밝히는 것이 이 책의 임무이기에 서둘지 않겠다. 이유 한 가지를 먼저 말하면, 음모론이 편집증자, 즉 편집증paranoia에 걸린 사람들의 세계 인식 방법으로 알려져 있기 때문이다.

우리는 왜 음모론을 믿는가?

예로부터 주류 사회의 걸출한 인물들, 특히 지식인들은 음모론 '따위'나 만들고 믿는 인간들, 줄여서 음모론자를 결코 이해할 수 없었다.[5] 그래서 물었다. "왜 '그들'은 음모론을 믿을까?" 멀게는 칼 포퍼,[6] 가깝게는 카스 선스타인[7]에게 음모론은 부적절한 지식unwarranted knowledge, 그러니까 '비합리적이며, 근거도 없기에 논할 가치도 없는 지식'이었다. 그런데 이를 알리고 가르치는 자신들의 노력에도 불구하고 음모론의 위력은 여전하거나 더 강해졌다. 자신들의 노력을 무시하는, 때문에 더 용납할 수 없는 현실 앞에서 걸출한 이들은 단호하게 결론 내렸다. 그것은 그들 탓이다. 그들의 '정상적'이지 않은 성향 탓이다. 그들은 종교의 잔영에서 헤어 나오지 못하는 광신자거나, 상식적인 지혜마저 갖추지 못한 멍청이거나, 그도 아니라면 정신병자다.

음모론자를 정신병자, 구체적으로는 편집증자로 보는 관점은 주류 사회의 견해다. 음모론에 사회과학적으로 접근한 최초의 인물인 역사학자 리처드 호프스태터[8]는 음모론자를 "증오에 휩싸인 편집증자"라고 부른다. 편집증자는 '극단적

---

5) 이 문단을 포함해 이 책의 몇몇 부분을 재구성해 「어떻게 음모론을 믿지 않을 수 있을까?」, 『문학과사회』 제104호(2013년 겨울)에 먼저 실었음을 밝힌다.

6) 칼 포퍼, 『열린사회와 그 敵들』 2권. 이한구·이명현 옮김, 민음사, 1982.

7) 하버드 대학 로스쿨 교수로 오바마 정부에서 규제정보국 책임자로 활동했다. Cass R. Sunstein·Adrian Vermeule, "Conspiracy Theories: Causes and Cures," *Journal of Political Philosophy* 17, 2009, pp. 202~27.

8) Richard Hofstadter, *The Paranoid Style in American Politics and Other Essays*, New York: Alfred A. Knopf, 1965.

의심' '박해 망상' '자기 맹신'의 성향을 보인다. 여기에 더하여 음모론자는 증오에 차 있다. 일단 모든 것을 극단적으로 의심한다. 자신의 망상적 세계를 뒤엎는 '합리적' 증거가 밝혀져도 결코 흔들리지 않는다. 증거 자체가 '오염'되었다고 믿기 때문이다. 자신들이 위협받고, 박해받고, 비난받고, 부당하게 취급당하고 있다고 믿는다. 그리고 이 모든 것의 원흉을 알기에 복수하고, 보상받고자 하지만 쉽지 않다. 그래서 증오에 휩싸인다.

걸출한 이들의 생각과 달리 많은 사람들이 음모론을 믿는다. 아니, 믿을 수밖에 없다. 음모론 자체의 매력 때문이기도 하지만, 최근 등장한 두 계기 때문이기도 하다. 첫번째 계기는 영화에서나 나올 듯한 음모들이 사실로 밝혀지고 있다는 점이다. 미국의 국가기관은 전 세계 정보의 흐름을 감시한다. 심지어 세계 정상들의 휴대폰까지 도청하고 있다. 한국에서도 몇몇 국가기관이 대통령 선거에 직간접적으로 개입했다. 최초의 의구심은 음모론의 형태로 떠돌았지만, 후에 사실로 밝혀졌다. 국가는 민주주의를 파괴하는 범죄를 저지르고, 이에 대한 다양한 비판과 문제제기를 음모론이란 낙인을 찍어 폐기하려 한다. 음모론을 믿지 않을 도리가 없다.

두번째 계기는 비난 문화의 확산과 조직화된 무책임성이

다. 이는 후에 다룰 것이기에 상세한 설명은 아끼겠다. 여기서는 비난 문화가 확산되면서 개인과 사회의 비난하고자 하는 의지가 그 어느 때보다 높아졌다는 것만 지적해두자. 그러나 현실에서는, 특히 사회의 상층부에서는 조직적으로 면책 특권이 강화된다. 예컨대 2008년에 금융 위기가 있었지만 감옥에 간 사람도, 제도적 보완책이 강구된 바도 없었다. 어느 누구도 책임지려 하지 않으며 남을 헐뜯고 비난하는 데 혈안이다. 책임은 위기에 처했다! 책임은 지는 것이 아니라 전가하고 회피하는 것이 되었다. 책임의 전가와 회피를 특화한 전략과 장치 중에 단연 으뜸은 음모론이다. 음모론을 꼭 믿지는 않더라도, 활용하지 않으면 안 된다.

음모론, 편집증적 세계의 관찰법

세상은 불확실해지고 불안정해지고 불안전해졌다. 확실한 것은 없고, 안정은 희소재가 되었으며, 안전 확보는 어려운 일이 되었다. 현대인이 집단적 편집증에 빠지는 것은 당연한 귀결이다. 여기서 편집증이란 임상적인 정신병을 뜻하는 것이 아니다. 소외되어 불신하고 노심초사하는 현대인의 심리적, 문화적 상태를 은유하는 표현이다. 확실한 것이 없으니 섣불리 믿으면 안 된다. 안정적인 것이 희소해졌으니 조심해야 한다. 안전을 확보하기 위해서는 주변을 면밀하고 신중하게 둘러봐야 한다. 음모론은 편집증에 걸린, 아니 그럴 수밖에 없는 현대인에게 적합한 세계 관찰의 방법이 되었다.

불확실하고 불안정하고 불안전한 세계에서 결코 우연은 없다. 왜 엘리베이터는 언제나 21층에 있는 거야? 누가 내 차를 긁고 도망친 거야? 통화할 때 들리는 이 잡음은 또 뭐지? 왜 취업이 안 되는 거야? 내가 잘린 이유는 뭐지? 의심하면서 신중하고 조심스럽게 주변을 둘러봐야만 한다. 일상사뿐만이 아니다. 선거 결과, 재벌의 구속, 공인의 죽음, 테러, 경제 위기, 전쟁, 기후변화, 전염병의 창궐, 화산 폭발, 대지진 뒤에는 무엇인가가 숨겨져 있다고 믿는다. 사실이 아니어도 상관없다. 그렇게라도 믿고 싶기 때문이다. 아무런 이유 없이 당하는, 곧 무의미한 고통과 곤경은 엄청난 공포이자 혼돈을 불러온다. 음모론은 이해할 수 없는 세상사를 설명한다. 그렇게 음모론은 공포에 질린 사람들을 안정시킨다. 이해할 수 없는 세상사의 '의미'를 밝혀주기 때문이다. 말하자면 음모론은 공포를 제거할 수 있는 '의미'를 함유한 안정제다.

최근 급증한 편집증자는 정파를 가리지 않는다. '종북세력'의 체제 전복을 두려워하는 사람들도 있지만, '지배블록의 조율된 행위'를 걱정하는 사람도 있다. 정파와 입장, 나이와 성性, 교육 수준과 출신 지역, 직업과 소득에 상관없이 모두가 집단적 편집증에 시달린다. 음모론은 사회 전체로 확산된다. 학계, 스포츠계, 연예계 사정을 이해하려면 음모를 고려하지 않을 도리가 없다. '역사학계를 지배하는 것은 조선에서 이어 내려온 한 당파의 후예'이며, '국가대표 선발에서 모 대학 출신들이 우대받는다.' 또 '모 스타들의 이혼이나 열애설이 바로 이 시점에 불거진 이유'를 알 수 있다. 음모가 세상을 이해하는 중요한 열쇠가 된 것은 우리네 사정만이 아니다. 음모론은 주류가 되었다.[9] 우리를 조종하려는 음모가 존재한다는 강렬하고 체계적인 신념이 정치적 영역과 문화상품(소설, 영화와 텔레비전 연속극)의 수준을 넘어 전 사회 영역으로 확대되는 것을 뜻하는 '음모론의 주류화mainstreaming conspiracism'는 전 세계적 현상이다.

특히 미국에서 극성이다. 1960년대 초에 호프스태터는 미국의 정치적 공론장이 "몹시 성난 이들의 경연장"[10]이 되었다고 우려했다. 그는 소수의 우익 과격파를 걱정했다.

---

9) Robert Alan Goldberg, *Enemies Within: The Culture of Conspiracy in Modern America*, New Haven: Yale University, 2001, p. 232.

10) Richard Hofstadter, 같은 책, p. 3.

약 10년 후 미국의 역사학자 리처드 커리와 토마스 브라운에 이르러 우려는 더 심화되었다. 미국 문화의 주된 병리로서 "정치 지도자와 추종자들이 음모적 관점terms으로 세상을 보는 경향"이 확대되었기 때문이다.[11] 1990년대에는 퍼스트레이디 힐러리 클린턴이 남편을 공격하는 "거대한 우익 음모"[12]를 폭로하면서, 권력 최상층의 인식을 공개했다. 2001년 9·11 이후 음모론은 중요한 정치적 결정의 근거를 제공하는 일종의 정치이론이 되었다.[13] 2008년 미국 공화당의 부통령 후보로 나선 세라 페일린은 선언했다. 버락 오바마는 "공산주의자와 급진적인 아프리카계 미국인 설교자들"과 "은밀한 관계"를 맺고 있다. 공화당 지지자들이 이에 호응하여 "그를 죽여라" 또는 "그들을 죽여라"라고 연호하는 상황이 연출되었다.[14] 지하드(성전聖戰)를 외치며 테러를

---

11) Richard O. Curry·Thomas M. Brown, "Introduction," Richard O. Curry·Thomas M. Brown(eds.), *Conspiracy: The Fear of Subversion in American History*, New York: Holt, 1972, p. vii.

12) Mark Fenster, *Conspiracy Theories: Secrecy and Power in American Culture*, Revised and Updated edition, Minneapolis & London: University of Minnesota Press, 2008, p. 117.

13) Peter Knight, "Outrageous Conspiracy Theories: Popular and Official Responses to 9/11 in Germany and The United States," *New German Critique* 35(1), 2008, pp. 165~93; Charles Pigden, "Conspiracy Theories and The Conventional Wisdom," *Episteme: Journal of Social Epistemology* 4(2), 2007, pp. 219~32.

14) Lauren Langman, "Cycles of Contention: The Rise and Fall of The Tea

모의하는 '이슬람 광신도'의 회합에서 볼 수 있는 모습이 아님을 명심하자. 최고로 발전된 민주주의 국가인—또는 그랬었던?—미국의 대선 캠페인의 광경이다. 음모와 그것을 꾸미는 집단의 존재를 고려하는 세계 관찰의 방법인 음모론은 세계 해석의 유망한 틀이 되었다. 그렇다. 우리는 진정 음모의 시대, 음모론의 시대에 살고 있다.

음모론의 정치적 매력

음모론은 진정 매력적이다. 불확실하고 불명확하고 복잡하여 우리의 이성과 인식 능력을 벗어난 세상을 명료하게 그려준다. 부당한 고통의 이유를 알려주고, 태만한 책임자나 우리에게 고통을 불러온 일에서 이익을 챙긴 악당들을 만인 앞에 불러 세운다. 이러한 매력 덕에 음모론은 특히 정치의 영역에서 '진격'했다. 음모론은 현대 정치의 중요한 전략이자 자원이 되었다. 지지자 동원에 효과적이고 정적 공격에 유용하며 자신에 대한 비판을 무력화하는 데 쓸모를 지니기 때문이다.

Party," *Critical Sociology* 38(4), 2011, p. 469.

음모론의 정치적 쓸모는 특정 정파나 권력의 위치에 제한되지 않는다. 그런 의미에서 음모론은 '민주적'이다. 좌우를 막론하고 또 지배하는 자나 지배당하는 자 모두에게 쓸모가 있다. 권력 유지에 쓰일 수 있는 것처럼, 저항을 위해서도 활용된다. 나중에 자세히 다룰 것이지만 먼저 말해두자면, 음모론은 강자의 지배를 위한 도구이기도 하지만 권력의 변화를 끌어낼 수 있는 "약자의 무기a weapon of the weak"[15]이기도 하다.

간추려 말하면, 매력과 민주적 특성 때문에 음모론은 정치 영역을 장악하게 되었다. 그 결과는 간명한 세계 인식이다. 음모의 세상에는 두 진영만이 존재한다. 적과 우리 편, 나쁜 놈과 좋은 놈, 이익을 보는 자와 손해를 보는 자, 꾸미는 자와 넋을 놓은 자, 아는 자와 모르는 자, 모든 세상 사람은 두 계급으로 나뉜다. 대화? 타협? 협력? 음모를 꾸며 우리 세상을 없애려는 적은 그럴 대상이 아니다. 적은 단지 섬멸의 대상일 뿐이다. 이런 세상에서 정적을 관용하는 민주주의를 믿는 것은 적의 간계를 허용하는 멍청한 일이다. 허약함의 징표일 뿐이다. 바로 이런 점에서 음모적 사유에 기초한 세계관은 세상을 파괴할지도 모른다.

---

15) Mark Fenster, 같은 책, p. 284.

우려하고 걱정할 것은 이에 그치지 않는다. 비판이 질식될 위기에 처해 있다. 권력은 자기증식의 욕망을 지닌다. 그래서 민주주의 사회는 제어 장치를 마련한다. 삼권분립이나 언론이나 시민사회는 권력의 전횡과 독주를 제어하는 장치다. 제어의 기본은 감시와 비판과 책임 추궁이다. 언론은 정부를, 정부는 재벌을, 시민사회는 언론을 감시하고 비판하면서 잘못의 책임을 추궁한다. 전 세계에서, 특히 한국에서 감시와 비판은 제도적 수준에서 무기력한 상태다. 권력은 공모를 통해서(즉 음모를 꾸며!) 더 강해지고, 감시는 허울에 불과하며, 비판은 아주 쉽게 음모론으로 낙인찍혀 폐기된다. 이런 가운데 권력과 책임의 고리는 헐거워지거나 부서졌다. 이렇게—여기서도!—책임은 위기에 처한다. 모든 일을 스스로 책임져야 하는 시민들은 감당할 수 없는 책임의 부담에 허덕이지만, 권력은 책임에서 자유롭다. 책임질 일은 자꾸 생기는데, 아무도 책임지지 않는다. 아무런 후속 조치도 취해지지 않는다. 사회의 자기비판과 자기갱신의 능력이 소진되고 고갈되고 있다.

2장

음모론이란 무엇인가

음모론이란 무엇인가

음모론을 정의해야 할 때가 왔다. 필요한 일이지만 썩 내키지는 않는다. 두 가지 이유 때문이다. 첫째, 내 관심은 '음모론의 활용'에 있다. 나는 '음모론이란 무엇인가'보다 그 '쓸모'에 관심이 있다. '무엇'에 집중하다 보면 '쓸모'에 무심해진다. '무엇'을 묻는 데 집착하면 고정적인 것, 불변의 것, 어떤 실체를 가정하게 마련이다. 이런 가정은 음모론이 다양한 사회적 맥락이나 그것을 쓰는 목적, 사람에 따라 변할 수 있다는 것, 아니 변해야만 한다는 것을 부정하게 만든다.

가령 대통령이나 한 기업의 사장이 음모를 제기할 때와 말단 공무원이나 평직원이 같은 일을 벌일 때를 비교해보

자. 양자는 음모를 제기한다는 점에서 같지만 전혀 다른 취급을 받는다. 후자는 많은 경우 음모론으로 취급된다. 원래 말단 직원은 회사의 비밀이나 실제 음모를 알 수도 없거니와 안다고 해도 사람들의 인정을 쉽게 받지 못하기 때문이다. 이들은 또 낙인의 두려움 때문에 알아도 입을 닫을 것이다. 전자는 다르다. 용감한 비판이나 합리적 의심으로 간주되기 십상이다. 또한 힘센 자들은 결코 낙인을 두려워하지 않는다. 담대해서일 수도 있지만, 그들의 사회적 위치가 낙인을 허용치 않기 때문일 수도 있다. 문제제기가 오류로 판정되더라도 걱정 없다. 숙고에 따른 합리적 의심, 비판으로 간주될 것이기 때문이다. 더 중요한 것은, 사실이 '아닌' 문제제기가 '사실'로 탈바꿈할 수 있다는 점이다. 2002년 부시 대통령의 한 보좌관은 선언했다. "우리가 이제 제국이고, 우리가 행동할 때 우리의 현실을 창조한다."[1] 힘은, 권력은, 권위는 사회적 사실을 창조할 수 있다!

음모론의 정의가 내키지 않는 두번째 이유는 실제 음모(사실로서의 음모)와 음모론(거짓 음모)의 구분이 어려운 과제이기 때문이다. 어떤 사회적 현상을 음모론으로 설명했다고 치자. 그런데 후에 그 설명이 음모론이 아니라 실제 음

---

[1] 콜린 레이스, 「냉소적인 국가」, 테리 이글턴 외 지음, 『진실 말하기: 권력은 국민을 어떻게 속여 왔는가?』, 신기섭 옮김, 갈무리, 2006, p. 46.

모를 폭로한 것으로 밝혀질 수 있다. 반대로 사실로 생각하던 것이 거짓 음모론으로 판명된다면? 양자의 구별은 누가 주장하느냐에 따라, 시기에 따라, 상황에 따라 달라진다. 이를 반영하는 음모론의 정의가 필요하다. 이는 결코 간단한 일이 아니다.

위의 두 사항을 고려하면서 이 책의 목표, 즉 음모론의 쓸모가 무엇인지를 살펴보기에 적합한 정의를 내릴 것이다. 이 장을 오로지 정의 문제와 씨름하는 데 쓸 수는 없다. 음모론에 대한 일반적 오해나 궁금증을 푸는 데 도움이 되는 사항도 전달할 것이다. 먼저 음모론자와 음모론 연구자를 동일시하는 오해부터 풀자.

음모론자와 음모론 연구자는 다르다!

영어로 conspiracy theorists, 줄여서 conspiracist라고도 표현하는 음모론자는 현실의 음모를 간파하고 증거들을 수집하고 조사하여 이론이나 체계로 재구성하는, 말하자면 음모론을 만드는 사람이라는 뜻과 그것을 신봉하는 사람이라는 뜻을 모두 지닌다. 음모론자에 대해서는 신념윤리와 연관지어 상세히 다룰 것이기에(3장 참조) 여기서는 음모론 연구자에 집중하겠다. 음모론자와 달리 음모론 연구자는 음모론과 음모론자를 '연구'한다. 연구 행위는 '거리'를 전제한다. 말하자면, 음모론자와 음모론 연구자의 결정적 차이는 대상과의 거리다. 음모론자는 음모의 희생자이자 당사자이기에 대상과 거리가 없다. 이에 반해 연구자는 대상과 일정한 거리를 유지하려 애쓴다.

음모론 연구자는 그 역할을 어떻게 이해하느냐에 따라 '재판관'과 '관찰자'로 나눌 수 있다.[2] 재판관은 음모론의 진위를 따지는 역할을 수행한다. 그는 음모론이 진실인지 허위인지를 밝힐 수 있다고 믿으며, 이를 위해 애쓴다. 워터게이트 사건을 파헤친 밥 우드워드나 칼 번스틴은 제기된 음모론(의혹)이 진실임을 밝히려 했다. 최근 저널리스트 조너선 케이는 정반대의 일을 했다. 그는 2001년 9월 11일에 있었던 뉴욕 쌍둥이 빌딩 테러 사건의 "진실을 좇는 사람

---

2) '재판관'과 '관찰자'라는 용어는 게오르그 짐멜이 대도시의 현상을 대하는 태도를 두 가지로 구분한 것에서 빌려온 것이다. 재판관은 사회 현상의 좋고 나쁨이나 옳고 그름을 평가한다. 반면 관찰자는 평가에 대해서는 무심하며 오로지 그것의 이해에 주력한다. "대도시의 개별적 현상들이 우리에게 호감을 주든 주지 못하든 우리는 대도시에 대해 재판관의 태도로 임할 수 없다. 대도시에 작용하는 힘들은 전체 역사적 삶의 뿌리와 정점에 자리 잡고 있고 우리는 하나의 세포 같은 덧없는 존재로서 그러한 삶에 속해 있기 때문에 우리의 과제는 불평하거나 용서하는 일이 아니라 오로지 이해하는 데에 있다"(게오르그 짐멜, 「대도시와 정신적 삶」, 『짐멜의 모더니티 읽기』, 김덕영·윤미애 엮고옮김, 새물결, p. 53).

들Truthers"[3]을 추적하고 인터뷰 결과를 묶은 책에서 다음과 같이 말한다. "내가 이 책을 쓴 동기는 음모주의conspiracism를 진단하고 퇴치하는 것이다."[4]

관찰자에게 대상의 진위 여부는 일차적 관심사가 아니다. 냉소적이거나 게으르기 때문이 아니다. 재판관과 관찰자의 차이는 자신의 능력과 한계에 대한 상이한 인식에서 비롯한다. 관찰자는 재판관과 달리 자신이 음모론의 진위 여부를 판별할 수 있는 수단과 방법을 가지고 있지 않다는 것을 안다. 관찰자는 실제 음모와 음모론의 식별보다 어떤 역사·사회적 맥락에서 음모론의 낙인이 찍히는지, 그것의 사회적 효과는 무엇인지, 또 음모론이 어떤 용도로 쓰이는지를 밝히는 데 주력한다. 재판관과 관찰자의 차이는 칼 포퍼와 막스 베버의 태도의 차이에서 잘 드러난다. 두 사람은 종교—이를 음모론으로 바꿔 쓸 수 있다—에 대한 논의에서 확연한 차이를 보여준다. 포퍼는 종교에서 악취를 느낀다. 그에게 종교와 미신은 현실을 왜곡하는 요인이다. 과학은 악취와 현실 왜곡을 제거하는 유일한 도구다. 베버는 포퍼와 달리 종교에서 향기는 아니더라도 흥미를 느낀다. 그에게 종

---

3) 9·11 사건이 미국 정부 내부에서 꾸민 것이라는 음모설을 믿는 사람.

4) Jonathan Kay, *Among The Truthers: A Journey Through America's Growing Conspiracist Underground*, NY: HarperCollins, 2011, p. 321.

교와 미신은 과학을 통해서 제거해야 할 대상이 아니다. 인간과 사회에 "의미를 제공"하여 행위의 이유와 준거를 제공하도록 하는 문화적 현상이며 장치다.[5] 베버는 이러한 맥락에서 종교라는 문화적 장치의 효과와 사회적 쓸모, 그리고 그 내용을 관찰한다.

어떤 태도와 접근이 적절한 것인지를 판별하기는 쉽지 않다. 우리가 알고 싶은 것은 '진리'나 '진실'이기 때문이다. 그런 의미에서 재판관의 역할이 적합해 보인다. 다만 문제는, 그것도 결정적인 문제는 이거다. 과학이 음모론의 진위 여부를 판별할 능력이 있는가. 단언컨대, 아무리 뛰어난 학자라도 무엇이 음모론이고 무엇이 실제 음모인지를 판정할 수는 없다. 음모론과 실제 음모의 판정은──사회학자인 나에게는 아쉽고 안타깝게도──과학자의 실험실이나 연구실, 또는 학회 토론장에서 내려질 수 없다. 오로지 강제적 수단, 가령 수사권, 강제력, 행정 명령, 군사력, 취재, 여론 등등을 동원할 수 있는 법원, 검찰, 정부, 국회, 언론, 공론장에서 내려진다. 포퍼가 요구하는 과학자의 재판관 역할, 즉 과학적 옳고 그름의 잣대로 사회·문화적 현상의 진위 여부를 판별하는 재판관 역할은 현실적이지 않다. 그래서 우리는 재

---

5) Hans Peter Müller, *Max Weber: Eine Einführung in sein Werk*, Köln: Böhlau, 2007, p. 12.

판관이 아니라 관찰자로서 음모론에 접근할 수밖에 없다.

아니, 그렇게 노력했다. 고백하자면 말처럼 쉽지 않았다. 특히 현재의 정치적 상황에서 나타나는 음모론의 다양한 쓸모를 분석하면서 거리를 유지하기는 정말 쉽지 않다. 나는 사회학자이기도 하지만 이 땅의 시민이기에 현 상황에 대해 나름대로 판단하고 평가할 수밖에 없다. 이것이 관찰과 분석에 침투하지 않도록 애써야 했다. 가장 큰 어려움은 현 상황에 대한 나름의 시민적 판단과 입장이 자꾸 진실과 거짓의 기준에서 음모론을 보라고 충동질한다는 점이었다. 관찰자여야 하는데 자꾸 재판관이 되려는 억제하기 어려운 충동. 따라서 고육지책을 썼다. 가능하면 한국 사례를 다루지 말자. 외국 사례라면 거리를 유지하는 것이 상대적으로 쉽기 때문이다. 물론 독자의 이해를 위해 필요하면 당연히 한국의 사례도 사용할 것이다.

음모론의 정의

음모론conspiracy theories을 그대로 풀면 '음모'에 대한 '이론'이다. 먼저 '음모' 또는 '공모'에서 시작하자. 다니엘 파이프스는 법에서의 공모 개념을 바탕으로 "둘 이상의 사람들이 불법적이거나 범죄적인 행동을 함께할 목적으로 담합하는 것"[6]만을 음모로 본다. 꼭 불법이나 범죄와 연관지어야 하는 것인지에 대해 다른 견해도 있지만, 음모를 일상적인 목적과 관련된 행위가 아닌 것으로 제한하는 것이 중요하다. 모든 공모를 음모론의 대상으로 삼을 수는 없는 노릇이기 때문이다. 산타클로스가 실재한다는 '거짓'을 은폐하기 위해 전 세계의 많은 부모들은 공모한다. 깜짝 생일파티를 위해 공모하는 일도 허다하다. 이런 일들마저 음모라 한다면, 음모론은 너무 사소한 것이 될 수 있다.

음모론에 걸맞은 음모의 최소 요건을 다섯 가지로 정리해 볼 수 있다. 1) 권력을 지닌 2) 둘 이상의 사람들(음모집단)이 3) 어떤 뚜렷한 목적을 위해 4) 비밀스런 계획을 짜서 5) 중요한 결과를 불러올 사건을 일으키는 것이다. 말단 직원이 김 부장의 커피에 침을 뱉었다는 '썰'은 그래서 음모론이기보다 루머나 가십, 혹은 도시 괴담urban legend이다. '한낱' 말단 사원(1)이 무슨 큰일을 벌일 것이며(5), 혼자서 행한 일이고(2), 더럽지만 '침'일 뿐 위험하지 않으며(5), 그 비밀은 다른 사람들에게 떠벌릴 수 있는 무용담일 것이고(4), 목적이라야 성질 더러운 부장에게 앙갚음하는 정도(3)이기 때

6) Daniel Pipes, *Conspiracy: How The Paranoid Style Flourishes and Where It Comes From*, Simon and Schuster, 1999, p. 43.

문이다. 물론 이 이야기가 음모론으로 발전할 가능성은 있다. '알고 보니' 말단 직원 뒤에는 박 부장(1)이 있었고(2), 커피에 침과 함께 독이 들어갔으며(5), 공모 계획과 실행은 둘만 아는 비밀이었고(4), 박 부장의 목적은 임원 자리를 두고 경쟁하던 김 부장을 제거하는 것이었다(3).

박 부장과 공모한 말단 직원이 김 부장의 커피에 독을 탄 사건, 이것은 형식적으로 음모의 조건을 모두 충족한다. 그러나 여전히 무언가가 부족하다. 그런 음모는 세상에 너무 많다. 특히 시장 또는 기업의 세계는 음모 천지다. 일찍이 애덤 스미스가 『국부론』에서 지적한 바처럼 "시장은 음모로 나아가는 경향이 있다. '동일 업종에 종사하는 이들은 서로 만나는 일이 드물지만 〔……〕 대화는 거의 대중의 이익에 반하는 음모나 가격을 올리기 위한 어떤 계략으로 끝나기 마련이다.'"[7] 인간사는 온갖 종류의 음모와 공모와 비밀 계획으로 가득하다.

내 제안은 음모를 정치적인 것으로 제한하자는 것이다. 즉, 정치적 음모에만 주목하자는 것이다. 정치적 음모를 "공적인 사안"[8]과 연결짓는 시도는 일단 유망하다. 널리 알

---

7) Juha Räikkä, "The Ethics of Conspiracy Theorizing," *Journal of Value Inquiry* 43, 2009, p. 467.
8) 같은 글, p. 459.

려진 가짜 폴 매카트니 음모론, 그는 이미 예전에 죽었으며 지금 활동하는 폴은 가짜라는 음모론은 공적이지 않은 사안이기에 제외한다. 그러나 공적 사안과의 연결이라는 느슨한 기준은 여전히 문제다. 윤곽이 그려지지 않는다. 이런 맥락에서 미하엘 셰체의 정의가 도움이 된다. 그는 음모를 "권력 유지나 획득을 목적으로 비밀스럽게 진행되는 집합행동"[9]으로 정의한다. 초점은 권력의 유지와 획득이다. 정치적 행위의 핵심은 권력을 둘러싼 경쟁과 투쟁이다. 중심에 권력을 놓음으로써 초점이 뚜렷해진다. 더불어 권력을 둘러싼 다툼의 두 방향, 즉 권력의 유지와 획득(찬탈)을 정의에 넣어서 우리가 봐야 할 바를 명확하게 한다. 공적 영역에서 권력을 유지하려 공모하는 경우, 그리고 이를 뺏으려 음모를 꾸미는 경우. 두 가지 모두를 우리는 정치적 음모로 규정할 것이다.

하지만 아직 부족하다. 음모는 있지만 '이론'이 빠져 있다. 어떤 정치학자는 음모론에 '이론'이라는 표현을 쓰는 것에 반대한다. "과학 저술은 원칙적으로 이론이라는 용어를 특

---

9) Michael Schetsche, "Die ergoogelte Wirklichkeit. Verschwöungstheorien und das Internet," K. Lehmann · M. Schetsche(eds.), *Die Google-Gesellschaft. Vom digitalen Wandel des Wissens*, Bielefeld: Transcript, 2005, p. 114.

정한 정치, 사회, 경제 현상들에 대한 언명, 그것도 합리적 근거로 뒷받침되는 언명으로 사용"[10]해야 하기 때문이다. 그런데 음모론은 합리적 근거로 뒷받침되는 언명을 제공하지 못한다. 음모에는 이론이라는 용어가 과분하니, 가설이나 이데올로기, 신화라고 부르자는 것이다.

　나름 타당하다. 그러나 두 가지 점에서 문제다. 첫째, 음모론과 같은 일상적 설명 모델, 지식 모델, 신념 모델을 '이론'으로 표기하는 선례들이 많다. 예컨대 일상생활에서 사람들이 취하는 생각이나 행동의 근거(구체적으로는 원인과 결과의 구분)가 나름의 체계를 갖추었을 때 이를 지칭하는 '일상이론'이나 '귀인이론attribution theory'이 그렇다. 전문가나 과학자가 아닌 일반인도 사건의 원인을 탐색하거나 설명하려는 목적으로 나름의 이론을 세울 수 있다. 이런 의미에서 음모론은 일상적 사회학, 또는 피터 나이트가 말한 대로 "팝pop 사회학"[11] 이론이라고도 할 수 있다. 더 중요한 반대 이유는 음모론이 비합리적이라는 추정이다. 그러나 그것은

10) Armin Pfahl-Traughber, "'Bausteine' zu einer Theorie über 'Verschwörungstheorien.' Definitionen, Erscheinungsformen, Funktionen und Ursachen," Helmut Reinalter(ed.), *Verschwörungstheorien. Theorie-Geschichte-Wirkung*, Innsbruck: Studien Verlag, 2002, p. 33.

11) Peter Knight(ed.), *Conspiracy Nation: The Politics of Paranoia in Postwar America*, New York & London: New York University Press, 2002, p. 8.

그 자체 비합리적이며 근거 없는 주장이다.[12] 음모론은 오히려 합리주의의 과잉에 시달린다. 이른바 '극단적 합리주의,' 즉 어떤 우연도 허용치 않으면서 모든 중요한 사건의 배후에 누군가의 의도와 개입을 가정하는 것이 문제다.[13] 게다가 음모론이 나중에 사실로 밝혀질 수도 있다는 점을 고려한다면, 음모'론'이라는 용어는 결코 과분치 않다.

음모론에 대한 다양한 설명들

부당한 혐의를 벗겼으니 이제 음모와 이론을 합쳐서 마음 놓고 '음모론'이라고 불러도 될 것이다. 음모론은 어떤 사건이나 사고의 원인을 '권력 유지나 획득을 목적으로 비밀스럽게 진행하는 집합행동'인 음모에서 '찾고 탐구하고 설명

---

12) David Coady, "Are Conspiracy Theorists Irrational?" *Episteme* 4(2), 2007, p. 196.

13) Joel Buenting · Jason Taylor, "Conspiracy Theories and Fortuitous Data," *Philosophy of The Social Sciences* 40(4), 2010, p. 573. 음모론의 비합리성에 대한 디터 그로Dieter Groh, "Die verschwörungstheoretische Versuchung oder: Why Do Bad Things Happen to Good People?," Dieter Groh(ed.), *Anthropologische Dimensionen der Geschichte*, Frankfurt am Main: Suhrkamp, 1992, p. 272의 평가는 정곡을 찌른다. 음모론은 "독특한 형식의 비합리성"을 지니는데, 그것은 "나름의 방식으로 고도로 합리적인 〔……〕 논리와 연결되어 있다."

하는 이론'이다. 이 정의를 기존의 정의들과 비교해서 보면 그 뜻과 강점이 또렷해진다. 기존의 연구들을 보면 서로 대립하는 두 입장이 있다. 하나는 음모론의 병적인 특성, 다른 하나는 그것의 정상성을 강조한다. 편의상 전자를 '질병-음모론,' 후자를 '정상-음모론'이라 하자.

질병-음모론의 대표자는 리처드 호프스태터다. 그는 음모론이 독특한 정치 스타일과 연결되어 있음에 주목했다. 음모론은 편집증적 정치 스타일의 정치이론이자 세계관이다. 편집증은, 이미 말한 바처럼 임상적 의미에서의 정신병이 아니다. 또 스타일은 "세계를 바라보는 방식이며 스스로를 표현하는 방식"이다.[14] 편집증적 스타일에 '감염'된 사람들은 "종말론적apocalypticism"[15] 방식으로 세계를 바라보고 스스로를 표현한다. 절대적으로 선한 '우리'와 절대적 악의 현신인 '그들' 사이에 "중재와 타협"은 없으며, 죽든 살든 끝장을 봐야 한다. 호프스태터는 병리적 현상인 정치적 편집증이 "정상적인 주류 사회"[16]를 위협한다고 보았다.

피터 나이트는 9·11에 대한 미국 정부의 공식 견해(주류

---

14) Richard Hofstadter, *The Paranoid Style in American Politics and Other Essays*, New York: Alfred A. Knopf, p. 4.

15) 보통 apocalypticism을 묵시사상으로, eschatology를 종말론으로 번역하지만, 여기서는 모두 종말론이라고 옮겼다.

16) 같은 책, p. 20.

담론)와 대안적 설명(음모론)을 비교하면서 흥미로운 사실을 보여준다. 두 견해 모두 편집증적 정치 스타일에 '감염'되어 있다. 종말론과 극심한 과장으로 나아가는 경향이 있으며, 적들이 가면을 쓰고 우리의 일상 모든 장소에 침투하여 미국적 삶의 방식을 없애려 한다면서 급박한 위기감을 조장한다. 미국을 예외적이고 특별한 희생자로 묘사하며, 적절한 대처 방안으로서 전통적인 미국의 가치와 국가적 단결의 중요성을 재확인한다. 세계를 '그들'과 '우리'로 가르는 이원론적Manichean 주장을 펴면서, 미국은 적(공모자)들과 필사적이고 영웅적인 투쟁을 벌이고 있다는 서사를 유포한다. 모든 비난받을 일은 적의 탓이고, 그들은 비인간적이고 전능하며, 무엇보다 절대적인 악의 현신이다. 물론 공식 견해와 대안적 설명의 차이는 있다. 양자의 차이는 '사회적 평가'—하나는 공식 견해로, 다른 하나는 음모론으로 평가받는다는 점에서—와 '누가 음모집단인지'와 '맞서는 두 당사자'뿐이다. 나머지는 모두 같다.[17]

만약 호프스태터가 아직 살아 있었다면 9·11에 대한 공식 견해와 대안적 설명 모두를 비판했을 것이다. 두 가지 모

---

17) Peter Knight, "Outrageous Conspiracy Theories: Popular and Official Responses to 9/11 in Germany and The United States," *New German Critique* 35(1), 2008, pp. 180~81.

두 질병-음모론의 구조와 특성을 지녔기 때문이다. 더 나아가 그는 자신의 주장을 철회했을지도 모른다. 그의 주된 우려이자 핵심 명제가 흔들리기 때문이다. 앞에서 인용한 대로 호프스태터는 음모론을 정상적인 주류 사회를 위협하는 질병으로 보았다. 요컨대 음모론은 질병, 공식 설명은 정상이라는 것이다. 그런데 나이트가 보여준 바처럼 9·11에 대한 '정상적인' 공식 설명도 음모론의 구조와 특성을 지녔다. 그렇다면 질병/정상의 구분으로 음모론을 정의하는 방식은 실패할 수밖에 없다. 바로 이 지점을 정상-음모론이 공략한다.[18] 찰스 피그던에게 음모론은 "단지 음모를 사실로 가정하는posits 이론일 뿐"[19]이다. 음모론은 음모가 사실일 수 있다는 가정, 아직 사실로 판명되지는 않았지만 그럴 수 있다는 가정에 입각하여 이를 탐구하고 설명하는 이론이다. 음모론은 합리적 의심이나 정당한 문제제기의 다른 이름일 뿐이며, 사실로 가정된 음모는 조사해야 하는 사안이 된다. 이에 따르면 9·11에 대한 두 설명 모두 음모론이다. 물론

---

18) 물론 나는 공식 설명을 신뢰한다. 다만, 테러를 비롯하여 중요한 정치적 사건을 조사할 때는 정상-음모론과 같은 입장을 취해야 한다고 생각한다. 사회에서 제기된 음모론을 일단 사실로 가정하고 탐구하고 조사하는 것, 이것이 투명성을 높이고 사회적 신뢰를 고양하는 민주주의의 확대와 심화를 위한 노력이 될 것이기 때문이다.

19) Charles Pigden, "Conspiracy Theories and The Conventional Wisdom," *Episteme: Journal of Social Epistemology* 4(2), 2007, p. 222.

차이는 있다. 공식 견해는 탈레반과 빈 라덴의 음모를 사실로 가정하여 조사하자고 주장한다. 대안적 설명은 미국 정부와 파워엘리트들의 음모를 사실로 가정하여 조사하자고 주장한다.

정상-음모론의 구체적인 목표는 '음모론=질병'이라는 낙인으로 공론장을 지배하려는 시도를 차단하는 것이다. 즉, 질병-음모론이 제공하는 낙인과 통념이 의혹이나 비판을 억압할 수 있다는 점을 밝히는 것이다. "지적으로 수상한" 음모론이라는 낙인과 "비합리적이거나 편집증적이거나 도착적"인 음모론자에 대한 "일반 통념"은 합리적 의심을 제기하지도 "조사하지도 못하게 하는 전략"으로 사용될 수 있기 때문이다.[20] 음모론을 단지 '사실로 가정되는 음모에 대한 이론'으로 정의해야 하는 까닭은 말할 것도 없이 의혹과 비판을 억제, 봉쇄하는 것이 민주주의에 해롭기 때문이다. 정상-음모론의 또 하나의 강점은 동일한 사안이 주변 조건에 따라 달리 인식될 수 있음을 보여주는 데 있다. 예컨대 9·11 사건의 경우 공식 견해와 대안적 설명이라는 구분은 미국에서 통용되는 것이다. 중동 지역에서는 정반대로 나타난다. 미국에서 공식 견해로 간주되는 것이 음모론의 지위

---

20) 같은 글, p. 219.

를, 반대로 미국 정부의 입장에서 음모론인 것이 공식 견해의 위치를 점한다.[21] 정상-음모론은 이런 상황 변화를 품을 수 있을 만큼 넉넉하다.

하지만 아쉬운 점이 있다. 정상-음모론은 대상의 범위를 통제 불가능할 정도로 확대한다. 만약 음모론이 단지 음모를 추적하는 이론이라면, 피그던 본인이 지적하듯 "정치적, 역사적 사실에 관심이 있는 모든 사람은 일급 음모론자"[22]가 된다. 중요한 정치적, 역사적 사건은 음모의 결과일 경우가 많기 때문이다. 음모론이 모든 음모, 특히 정치적, 역사적 음모에 대한 설명을 꾀하는 이론이라면, 그리고 음모론자가 정치와 역사에 관심을 지닌 사람이라면, 음모론과 음모론자의 고유한 모습과 쓸모를 포착하기 힘들어진다. 앞서 인용한 애덤 스미스에 기대어 말하면, 정치적 행위는 경제적 행위와 마찬가지로 비밀을 만들고 모의하고 공모할 수밖에 없다. 선거 전략이나 지지율을 높이기 위해 비밀스런 모의는 정치적 행위의 필수 요소다. 그런데 이런 것들을 모두 음모론과 음모론자로 표현해야 할까? 정상-음모론의 한계는 명확하다. 모든 음모를 따지고 조사하는 시도를 음모

---

21) Lee F. Martha, *Conspiracy Rising: Conspiracy Thinking and American Public Life*, Santa Barbara et al.: Praeger, pp. 95~96.

22) Charles Pigden, 같은 글, p. 222.

론의 사정권에 넣는다면 음모론이라는 고유한 사회·문화적 현상의 독특성이 무시된다. 이런 한계를 넘어설 수 있는 방편을 데이비드 코디가 제공한다. 그의 주장을 일단 '충돌-음모론'이라 부르자. 코디는 음모론을 세 단계에 걸쳐 정의한다.[23)]

(1) 음모론은 음모가 중요한 원인 역할을 하는(즉 에이전트agent들이 비밀스럽게 조율된 방식으로 활동한다는 의미) 특정 역사적 사건을 위해 제안된 설명이다.

(2) 더 나아가 제안된 설명이 사실로 가정하는 음모는 설명하려는 역사적 사건을 야기한 음모여야만 한다.

(3) 마지막으로 제안된 설명은 바로 그 역사적 사건에 대한 '공식적' 설명과 충돌해야만 한다.

여기서 주목할 것은 (3)이다. 음모론에 대립하는 '공식' 설명이 존재해야만 한다. 어떤 주장이 음모론인 이유는 그 자신의 속성, 즉 (1)과 (2)와 같은 속성 때문이기도 하지만 무엇보다 (3), 곧 그것이 '공식' 설명과 충돌하기 때문이다.

---

23) David Coady, "Conspiracy Theories and Official Stories," David Coady(ed.), *Conspiracy Theories: The Philosophical Debate*, Hampshire: Ashgate, 2006, p. 117.

데이비드 코디는 충돌-음모론이 정상-음모론의 문제를 제어할 수 있다고 자신한다. '공식' 설명과 충돌하는 대안적 설명만이 음모론이다. 이것은 분명 정상-음모론의 문제, 즉 그 대상이 무한히 확장된다는 문제를 해결할 수 있다. 다만 한계도 명백하다. 음모론이 '공식 설명'이라는 갑옷을 입을 수 있다는 점, 그리고 자신을 비판하는 집단을 공격하기 위해 음모론과 음모론자라는 낙인을 사용할 수 있다는 점, 이 두 사항을 간과했다.

칼-하인츠 힐만은 음모론을 "정치적 권위체가 어려운 시기에 고안해낸 주장"으로 정의한다('권위적 주장'). 정치적 권위체, 그러니까 정부나 법원과 같은 제도는 음모론을 통해서 자신들의 지배를 강고히 할 수 있다. "현 상황에서 나타나는 부정적 경향의 원인을 사회 전체를 위협하는 비밀스런 집단의 전복적이고 파괴적인 행동"에서 찾는다.[24] 비밀스런 집단, 즉 음모집단으로 호명된 집단이 문제의 원인으로 간주되어, 사실은 지배집단의 몫인 책임을 지게 된다. 이런 음모론은 자신이 공식적 설명이기에 '공식적' 설명과 충돌할 수 없다. 그렇지만 그것은 '공식' 설명과 충돌하는 대안적 설명만이 음모론이라는 충돌-음모론의 주장과 달리

---

24) Karl-Heinz Hillmann, "Konspirationstheorie," Karl-Heinz Hillmann, *Wörterbuch zur Soziologie*, Stuttgart: Alfred-Kröner-Verlag, 2007, p. 937.

음모론이다. 대표적 사례가 나치의 유대인 음모론이다. 나치는 대공황을 유대인 금융자본가의 술책으로, 문화의 타락을 '제3제국'을 약화시키려는 유대인들의 음모로 보았다. 제 책임을 남에게 전가하고 회피하려는 목적으로 권력집단이 음모론을 활용하는 것은 나치의 전유물이 아니다. 비일비재한 일이다. 이런 형식의 음모론은 권력집단의 '면역력'을 높인다. 자신의 명백한 무능과 실패에서 비롯한 문제의 책임을 남에게 전가함으로써 자신에 대한 비판을 무력하게 만들고 지배를 공고히 한다.

'권위적 주장'은 분명 충돌-음모론의 한계를 넘어선다. 음모론은 '공식' 설명과 충돌하는 "빈곤한 자들의 인지적 매핑"[25]이 아니라 나치즘이나 매카시즘과 같은 국가권력의

---

25) 프레드릭 제임슨의 용어다. 그는 음모론을 "포스트모던 시대의 빈곤한 자들의 인지적 매핑cognitive mapping"으로 정의한다(Fredric Jameson, "Cognitive Mapping," Cary Nelson·Lawrence Grossberg(eds.), *Marxism and The Interpretation of Culture*, University of Illinois Press: Chicago, 1988, p. 255). 인지적 매핑은 일종의 정신적 지도다. 마치 도시인이 주변 환경의 대략적인 배치와 위치를 알아야 도시에서 살아갈 수 있는 것과 마찬가지로 현대인도 현대 사회의 전체적인 얼개와 모습에 대한 정신적 지도가 필요하다. 그런데 세계화되고 포스트모던 시대에 도달하면서 세계는 엄청나게 복잡해졌다. 세계는 이제 알 수 없는 곳이 되었다. 특히 권력, 조작, 자유 등이 어떤 방식으로 서로 관련을 맺는지를 알지 못한다. 음모론은 복잡해진 현실 속에서 "정신적으로 빈곤한 사람들이"(Eva Horn, *Der geheime Krieg. Verrat, Spionage und moderne Fiktion*, Frankfurt am Main: Fischer Taschenbuch Verlag, 2007, p. 384) 제자리를 알도록 하는 데 효과적인 방법이다. 음모론의 특별한 능력은 서로 연관되지 않은 듯이 보이는 정보의 조각들(편린)을 연결하

정치 이데올로기와 정치 술수의 도구로도 쓰인다. 이것은 음모론 이해에 중요한 공헌이다. 그러나 '권위적 주장'은 다음의 사실을 간과했다. 음모론은 실제로 빈곤한 자들의 인지적 매핑으로 쓰일 수 있다. 요컨대 충돌-음모론과 '권위적 주장'은 음모론의 다양한 모습과 쓸모의 한 단면만을 보여줄 뿐이다. 이것은 앞서 살핀 다른 음모론의 정의 시도에서도 나타난다. 음모론의 쓸 만한 정의는 그것의 다양한 모습과 쓸모를 포착할 수 있어야 한다. 무엇보다 서로 갈등하는 두 집단의 관계와 동학을 고려해야 한다. 공적 영역에서 헤게모니를 놓고 대립하는 두 진영이 상대방의 주장을 음모론이라 몰아세우는 것이 일반적이기 때문이다. 언제나 그렇지는 않겠지만, 힘센 쪽의 주장이 '공식 견해'가 되고 약한 쪽의 주장이 '음모론'이 될 확률이 높다.

복잡한 문제이므로 예를 가지고 따져보자. 2003년에 있었던 이라크 전쟁의 경우, 전쟁을 찬성하는 측은 이를 반대하는 진영이 제기한 의혹을 '전쟁 반대 음모론'이라고 공격했

는 데 있다. 마치 탐정소설처럼 음모론은 무질서한 세계의 요소들을 모사하고, 숨겨진 동기들을 발견하고, 이것들을 연결한다. 이야기의 방식은 단순하다. 그래서 효과적이다. 선과 악, 올바름과 오류, 생경함과 친숙함의 명료한 구분을 통해서 세계를 이원론적으로 그려낸다. 그러나 동기와 구조에 대한 심층적인 이해가 결여되어 있기 때문에 빈자와 약자 들의 도구에 불과하다. 지금 다루는 음모론의 여러 정의와 관련해서 말하면 제임슨의 정의는 질병-음모론의 일종이다.

다. 반대로 반대 진영은 찬성 진영의 주장을 '전쟁 찬성 음모론'이라고 공격했다. 양쪽 모두 반대편의 주장을 음모론이라고 공격한 것이다. 그런데 질병-음모론과 충돌-음모론에 따르면 '전쟁 반대 음모론'만이 음모론이다. '권위적 주장'에 따르면 '전쟁 찬성 음모론'만이 음모론이다. 정상-음모론은 모두를 음모론으로 본다. 위의 정의들이 서로 다르다는 것은 고민할 사안이 아니다. 나름의 이론적 렌즈로 대상을 정의하는 것은 모든 탐구의 근본이기 때문이다. 다만, 음모론의 위상이 주장자의 사회적 위치에 따라 달라진다는 것은 심각히 고민할 점이다. 어떤 주장을 거짓된 음모론이라고 정의할 수 있는 권력과 그 낙인을 발행할 수 있는 자격을 가진 측은 자신의 주장을 사실로 만들고, 상대방의 비판과 의혹을 거짓된 음모론으로 내칠 수 있다.

이라크 전쟁 당시 사안은 간단하고 명확했다. '전쟁 반대 음모론'은 거짓이고, '전쟁 찬성 음모론'이 사실이었다. 이라크가 대량살상무기를 가지고 있기 때문에 전쟁을 치러야만 한다는 주장이 관철되었고 전쟁이 일어났다. 그러나 시간이 흐른 후에 밝혀졌다. 이라크에는 대량살상무기가 없었다. 전쟁을 이끈 주역들은 이것을 알고 있으면서도 전쟁을 일으켰다. 이른바 '거대한 거짓'이 있었던 것이다. 속사정을 이른바 "매닝 메모Manning memo"[26]가 밝혀주었다. 영국의 토니 블레어 총리의 외교보좌관 데이비드 매닝이 미국과 영국의 두 정상의 회담에 배석하여 작성한 이 메모에 따르면, 부시와 블레어는 대량살상무기의 존재 여부와 상관없이 이미 침공을 결정했다. 회담의 주된 관심은 대량살상무기의 존재 여부를 따지고 점검하는 것이 아니었다. 이미 결정된 침공을 정당화하는 묘수를 짜는 것이었다. 이라크의 선제공격을 유도하기 위한 '꼼수'들, 예컨대 미군 정찰기를 위장하여 날리고 그것이 격추되면 이를 빌미삼아 침공하자는 따위의 것 등이 회담에서 논의되었다.

사실인 '전쟁 찬성 음모론'이 거짓이 되고, 거짓인 '전쟁 반대 음모론'이 사실이 되어 전쟁이 발생할 수 있다는 것, 이것은 음모론의 모든 관찰자들이 유념할 점이다. 사안에 대한 설명이 '단지' 음모론인지, 아니면 실제 음모를 설명하는 것인지는 양측의 힘과 다툼에 따라 달라질 수 있다.

앞서 셰체는 음모를 "권력 유지나 획득을 목적으로 비밀스럽게 진행되는 집합행동"으로 정의했다. 이 정의에는 이미 목적과 사회적 위치의 차이가 새겨져 있다. 그는 권력을 유지하려는 측과 뺏으려는 측을 먼저 구분하고, 음모론

---

26) 이태호, 「마침내 끝난 이라크전, 미군은 무엇을 남겼나」, 『한겨레21』, 2010년 8월 27일자. http://h21.hani.co.kr/arti/world/world_general/28006.html

을 "당대, 혹은 역사적 사건들이나 집합적인 경험, 혹은 한 사회의 발전을 어떤 음모의 결과로 해석하는" 이론이라 정의하면서 다음의 조건을 단다. 관건은 사회적 "인정"이다.[27] "다수의 사람들이나 사회의 주도적 기관," 즉 입법, 사법, 행정 권력이나 매스미디어, 학계 등이 음모에 대한 지식이나 설명을 사실로 인정하면 그것은 사실이 된다. 인정받지 못하면, 거짓된 추정에 불과한 음모론이 된다. 요컨대 사실에 대한 설명과 거짓 음모론을 가르는 척도는 진리값이나 사실성이 아니다. 해석과 인정을 둘러싼 투쟁이 양자를 가른다.

음모론을 권력과 인정의 맥락에서 보는 것은 앞서 얘기했던 관찰자의 인식 방법이다. 관찰자는 자신이 음모론의 진위 여부를 심문하고 심판할 수 있는 위치에 설 수 없음을 안다. 목표는 진짜 음모와 거짓 음모론의 구별이 아니다. 역사·사회적 맥락에서 음모론의 낙인이 어떻게 찍히는지, 그 효과는 어떤지, 무엇을 위해 어떻게 쓰이는지를 밝히는데 있다. 셰체가 제안한 음모론 정의는 관찰자의 목표에 부합한다. 관찰자는 권력과 자격의 차이에서 비롯한 두 종류의 음모론을 구분한다. 음모론을 정의하는 권력과 낙인을 발행할 자격을 갖춘 집단이 비판자들을 공격할 때 쓰는 음

---

27) Michael Schetsche, 같은 책, p. 115.

모론, 즉 "정통orthodox 음모론."[28] 이것은 보통 권력을 유지하는 데 쓰인다. 그리고 권력과 자격을 갖추지 못한 집단이 권력집단을 공격할 때 사용하는 음모론, 곧 "이단heterodox 음모론." 이것은 기존 권력에 도전할 때 쓰인다. 두 음모론의 구분은 그것의 진리값이나 사실성에서 상대적으로 자유롭다. 일차적으로는 권력과 인정의 문제이기 때문이다. 정통 음모론이 합리적으로 간주되는 이유는 기존 질서에 부합하기 때문이며, 이단 음모론이 비합리적으로 묘사되는 까닭은 기존 질서에 대한 공격이기 때문이다.

정리하자. 음모론은 문제가 되는 또는 설명하려는 정치적—이거나 그에 영향을 미치는—사건을 음모의 결과로 보고, 음모와 음모집단을 찾고 탐구하고 설명하는 일상적 이론이다. 음모론은 두 가지로 나눌 수 있다. 권력 유지를 위해 활용되는 정통 음모론과 권력을 획득하기 위해 사용되는 이단 음모론. 정통 음모론은 공식적으로 인정받은 것이기에 '공식 설명'으로 통용된다. 이단 음모론은 공식적으로 인정받지 못한 '그저' 음모론이다. 이것은 의심이나 의구심의 형태로서만 남으며, 경우에 따라 그것을 믿는 것만으로도 폭력에 노출될 수 있다.

---

28) Andreas Anton, *Unwirkliche Wirklichkeiten. Zur Wissenssoziologie von Verschwörungstheorien*, Berlin: Logos Verlag, 2011, pp. 115~18.

3장

음모론자의 동기: 신념이냐 기회주의냐

신념윤리와 음모론

오늘날 사회에는 많은 음모론자들이 존재한다. 그런데 이들의 행동, 즉 음모론을 만들거나 믿는 행동의 이유나 동기에 대해서는 밝혀진 바가 거의 없다. 보통 음모론자는 합리적이지 않은 사람이나 편집증자 같은 정신질환자로 평가된다. 이들은 자신의 주장에 반대되는 증거를 인정하지 않는다. 극단적으로 의심하고 자신이 박해받는다는 망상에 빠져있으며 자신을 맹신한다. 그러한 특성들은 무엇에서 비롯하는가. 신념인가 아니면 기회주의적 판단인가. 음모에 대한 신념이 동기라면, 이들은 막스 베버가 말한 '신념윤리'에 근거한 음모론자라 할 수 있다. 그것이 아니라 자신이 취하게 될 이익이 동기라면, 기회주의적(또는 사기꾼?) 음모론자다. 이들의 특성은 자신의 행동이 신념에 근거한 것처럼 위장하는 것이다. 그렇다면 어찌 됐든 모든 시작은 신념이다.

여기서 베버가 강연 "직업으로서의 정치"에서 한 이야기에 주목해볼 필요가 있다. "현실의 세계에서는 신념윤리가가 갑자기 '종말론적 예언자'로 변신하는 것을 흔히 경험할 수 있습니다."[1] 종말론적 예언자는 음모론 관련 문헌에서 자주 발견되는 표현이다. 음모론에 대한 가장 열정적인 비판자인 포퍼가 『열린사회와 그 적들』의 2권에서 헤겔과 마르크스를 예언자로 칭한 것은 의미심장하다. 일단 포퍼의 얘기를 들어보자. 그에 따르면 "사회 음모론conspiracy theory of society"은 "어떤 사회 현상이 왜 일어났는지에 관심을 갖고, 그것이 발생하도록 계획하고 음모를 꾸민 사람이나 집단을 발견하는 작업"을 수행하는 이론이다.[2]

헤겔과 마르크스가 정말로 예언자였는지는 이 책에서 다룰 사항이 아니다. 단지 음모론자를 예언자로 보는 것에 주목하자. 음모론자는 좁은 의미에서 음모를 밝히고 알리는 자다. 포퍼가 음모론자를 예언자로 칭한 이유는 이렇다. 전

---

1) 막스 베버, 『직업으로서의 정치』, 전성우 옮김, 나남, 2007, p. 124.
2) 칼 포퍼, 『열린사회와 그 敵들』 2권, 이한구·이명호 옮김, 민음사, 1982, p. 140. 번역은 일부 수정하였다.

쟁, 실업, 빈곤과 같은 사회 문제를 "어떤 강력한 개인과 집단의 직접적 계획의 결과"로 보는 음모론은 일종의 "종교적 미신의 세속화된 〔……〕 결과"이기 때문이다.[3] 세상사를 관장하던 신들이 차지하던 자리를 이제는 독점가, 자본가, 제국주의자와 같은 권력자들이 차지했다. 예컨대 마르크스는 세상의 모든 악과 고통은 자본가를 중심으로 하는 음모집단이 만들어냈다고 설파했다.

음모론자는 베버가 밝힌 신념윤리가와 놀라울 정도로 비슷하다. 일반적으로는 생소하지만, 사회학자에게는 친숙한 신념윤리와 신념윤리가 개념은 베버가 정치인의 유형을 구분하는 과정에서 만들어낸 것이다. 간략히 말해서 신념윤리가는 신념윤리에 따라 행동하는 사람이다. 신념윤리는 자신의 신념에 다른 모든 요구를 종속시키는 것이다. 신념윤리가에게 중요한 것은 신념과 그것을 실현하려는 행동 자체다. 결과는 안중에 없다.

신념윤리가의 전형적인 모습을 과거 "중국내륙선교단과 국제선교연합의 태도"에서 볼 수 있다. 두 단체는 1천 명에 가까운 선교사를 중국에 파견했다. 목적은 중국의 이교도들에게 "복음을 말 그대로 '제공하기' 위함이었다." 실제 그들

---

3) 같은 곳.

이 "개종"하거나 "구원"받았는지 여부는 "원칙적으로 보면 완전히 부수적인 것"이었다. "신의 소관"이기 때문이었다.[4] 오로지 중요한 것은 신의 뜻에 따라 중국에 가서 신의 말씀을 전달하는 것이었다. 선교사들은 중국에서 중국어가 아니라 자신의 모국어로 복음을 전했다. 중요한 것은 오로지 신념의 실천 여부다. 여기서 끝! 결과나 성공 가능성이나 현실성은 신념윤리가의 관심사가 아니다.

우리는 앞에서 음모론을 편집증자들의 일상이론이라고 했다. 편집증자에게서 신념윤리가의 모습을 엿볼 수 있다. 편집증자에게는 현실보다 음모집단에 대한 '망상'적 신념이 우선한다. 한 정신분석 임상의가 스스로를 죽었다고 생각하는 환자와 의사의 예화를 들려준다.[5]

　　의사: 죽은 사람은 피를 흘리지 않지요?

　　환자: 그렇죠. 어떻게 죽은 사람이 피를 흘려요.

　　의사: 그러면 우리 모두 손가락을 바늘로 찔러서 피가 나오는지 확인해봅시다.

---

4) 막스 베버, 『프로테스탄트 윤리와 자본주의 정신』, 김덕영 옮김, 도서출판 길, 2010, p. 267의 주석 35를 참조하라.

5) 저스틴 A. 프랭크, 『부시의 정신분석』, 한승동 옮김, 교양인, 2004, p. 325의 내용을 필자가 재구성했다.

환자: 콜, 알겠습니다.

바늘로 손가락을 찌른 두 사람은 당연히 피를 보았다. 그래서 의사는 의기양양하게 환자를 다그쳤다.

의사: 자 보세요. 당신은 살아 있습니다.
환자: 예, 선생님 제가 틀렸네요. 죽은 사람도 피를 흘리네요.

환자는 자신의 생각을 부정하는 현실을 시인하기보다 원하는 현실, 즉 망상의 현실을 선호하는 것이다. 정신질환자의 예가 탐탁지 않다면, 린든 존슨 미국 대통령의 "환상적인 능력"[6]을 보자. 존슨 대통령은

어떤 순간에도 자신은 견지해야 할 원칙들을 변함없이 지켜냈다고 스스로를 설득하는 능력이 탁월했다. 그리고 그가 과거에는 다른 견해를 갖고 있었다는 증거를 제시하는 사람에게는 결백성에 상처받은 사람과 같은 태도를 취했[다.] [⋯⋯] 현재에 편리한 '진실'이 진실이며 그것과 상반되는

6) 엘리엇 애런슨·캐럴 태브리스, 『거짓말의 진화: 자기정당화의 심리학』, 박웅희 옮김, 추수밭, 2007, p. 18.

것은 무엇이든 적들의 속임수라고 자신을 설득하는 환상적인 능력을 갖고 있었다. 그는 문자 그대로 자기 마음속에 있는 것이 현실이 되기를 원했다.[7]

현실보다 신념이 앞서는 존슨 대통령의 모습은 신념윤리가와 다르지 않다. 신념윤리는 "선한 것에서는 오로지 선한 것만 나올 수 있고 악한 것에서는 단지 악한 것만 나올 수 있다는 명제"[8]에서 출발한다. 신념윤리가의 행동은 마치 기독교도가 "올바른 행동을 하고 그 결과는 신에게 맡"기는 것과 같다. 바로 그렇기에 "종말론적 예언자"로 변신하는 경우가 생긴다. 그들의 신념의 순수성은 "세계의 윤리적 비합리성을 견디지 못"한다.[9] 의도나 신념과 다른 현실을 용납할 수 없다. 이런 이유로 신념윤리가와 음모론자는 같은 계열에 속한다. 자신의 신념의 순수함과 우월함을 지키려, 더 정확히 말하면 신념이 현실에 우선하기에 그들은 신념에 부합하지 않는 세계의 비합리성을 거부할 수밖에 없다. 이런 방식의 거부는 많은 경우 정형화된 책임귀인 양식

---

7) 같은 책, pp. 17~18.
8) 막스 베버, 『직업으로서의 정치』, p. 125.
9) 같은 곳.

안에서 이루어진다.[10] 음모론은 바로 그런 정형화된 책임귀인 양식이다. 탐탁지 않거나 고통스럽고 불행한 사태는 모두—이미 설정된—음모집단의 탓이다.

신념윤리와 음모론의 유사성은 그 쓸모에서도 나타난다. 티모시 멜리는 음모론의 매력을 "설명되지 않는 사태, 매우 복잡한 사건에 대한 설명을 단순한 방식으로 제시"하여 "불확실성의 시대에 편안함을 제공"하는 것이라고 했다.[11] 음모론은 복잡하며 예측하기 힘든 현대 사회를 해석하고 설명하는 단순한 틀이다. 또 다른 쓸모는 방어 기제의 역할이다. 열악한 상황의 책임을 타인에게 '전가'하여 나를 방어하는 것이다.[12] 이것은 신념윤리가에게서 발견할 수 있는 책임 전가와 회피의 모습과 일치한다. "만약 순수한 신념에서 나오는 행위의 결과가 나쁜 것이라면, 신념윤리가가 보기에 이것은 행위자의 책임이 아니라 세상의 책임이며, 타인들의 어리석음의 책임이거나 또는 인간을 어리석도록 창조한 신의 의지와 책임입니다."[13]

---

10) 전상진, 「한국 정치의 '편집증적 스타일?' 한국 정치 커뮤니케이션과 음모론」, 『경제와사회』 제85호, 비판사회학회, 2010, p. 170, 178.

11) Timothy Melley, *Empire of Conspiracy: The Culture of Paranoia in Postwar America*, Ithaca&London: Cornell University Press, 2000, p. 8.

12) Rolf Haubl, "Vertrauen in Mißtrauen. Über paranoide Gruppenprozesse," *Jahrbuch für Gruppenanalyse* 11, 2005, p. 77.

13) 막스 베버, 같은 책, p. 122.

음모론자와 신념윤리가에게서 공통적으로 나타나는, 책임을 전가하고 회피하는 정형화된 양식은 망상 체계로 발전할 수도 있다. 정신의학자 데이비드 벨은 편집증과 망상 체계의 관계를 이렇게 설명한다.

우리는 모두 다양한 종류의 압박을 받거나 안전하고 견고한 환경이 뒷받침되지 못할 때, 바로 이러한 종류의 편집증적 사고를 하곤 한다. 하지만 정상적인 상황이 재개되면, 우리는 보통 비교적 쉽게 균형을 회복한다. 그러나 타인들과 맺는 모든 관계에서 편집증적인 성격을 보이는 사람들도 있다. 그들은 의심이 많고 매우 예민하며 다른 사람들이 자기에게 악의를 품고 있다고 쉽게 가정한다. [……] 심각한 편집성 질병에 걸린 사람들에게 의심과 경계는 망상적 확신이 된다. 이들은 타인들이 어떤 방식으로 자신을 위협할지 모른다고 의심하는 것이 아니라 실제로 위협하고 있다고 확신하게 되며, 이러한 확신은 한층 더 정교해져 복잡한 망상 체계를 이루게 될 수도 있다.[14]

망상은 단순한 질환이 아니다. 자신을 회복하려는 절박한

---

14) 데이비드 벨, 『편집증』, 나현영 옮김, 이제이북스, 2006, pp. 11~12.

시도다. 망상은 알 수 없는 세계, 두려운 세계, 고통을 주는 세계에 다시금 질서를 부여한다. 당연히 망상은 우리 내부에서 일어난 파국을 표현한다. 그런데 부서져버린 내적 세계를 재건하기 위해 필요한 자원이 없거나 부족할 수 있다. 그렇지만 '상상력'은 무한한 자원이다. 현실에 불만스러울 때 기대─하는 현실─에 집착하게 되는 것은 이상하지 않다. 인간은 원치 않는 감정으로부터 자신을 보호하는 "방어 기제"[15]를 갖고 있으며, 편집증은 그러한 방어 기제의 하나이기 때문이다. 편집증적 세계가 현실보다 더 나을 수 있기에 더욱 그렇다. 자신들의 고통스런 현실을 시인하기보다 망상의 체계를 선호하는 까닭이다. 신념윤리가도 마찬가지다. 망상의 자리에 신념을 넣으면 위의 내용들이 그대로 유효하다. 음모론자도 마찬가지다. 망상과 신념의 자리에 음모를 넣으면 된다. 요컨대 현실보다 망상과 신념과 음모에 대한 믿음이 우선한다는 것, 그것은 미쳤기 때문이라기보다 자신을 방어하기 위한 것이라는 점, 바로 여기에 편집증자와 신념윤리가와 음모론자의 공통점이 있다.

비록 신념윤리가에 대한 직접적인 언급은 없지만 최근 정치심리학의 연구들은 음모론자와 망상적 신념의 소지자의

---

15) 헬렌 조페, 『위험사회와 타자의 논리』, 박종연·박해광 옮김, 한울, 2002, p. 29.

유사성을 검증하려 시도한다. 이 연구 영역을 개척한 사람은 정치심리학자 테드 괴르첼로 알려져 있다. 그는 신념 체계의 속성을 크게 두 가지로 나눈다. "대화적 체계"와 "독백 체계." 문제에 봉착했을 때 대화적 신념 체계를 지닌 사람은 현실, 그러니까 주변 환경과의 대화를 통해서 정보를 취득하고 문제 해결책을 찾는다. 반대로 독백 체계를 지닌 사람은 "주로 자기 자신의 자원에 의존해서 문제를 풀려 노력한다."[16] 대화와 독백으로 은유되는 차이는 자신의 신념(기대)과 실제적인 현실과의 부딪침에서 얻게 되는 정보에 대한 태도의 차이이다. 대화는 신념과 현실이 충돌하는 지점에서 취득되는 정보를 통해 자신의 신념을 조정한다. 독백은 자신의 신념의 우위성에 대한 '믿음'으로 그 정보를 무시한다. 음모론자들은 아마도 독백의 신념 체계를 지녔을 것이다.

음모론자의 유형

지금껏 신념윤리에서 출발하여 음모론자의 특성을 살폈다. 이런 시도의 결정적인 약점은 다음의 사실에 있다. 음모론

---

16) Ted Goertzel, "Belief in Conspiracy Theories," *Political Psychology* 15, 1994, p. 740.

자 모두가 신념윤리가일 리는 없다. 이런 맥락에서 토마스 그뤼터의 시도가 흥미롭다. 그의 도움을 받아 나는 음모론자를 다섯 유형으로 나눈다.[17] 첫번째 유형은 '박해받는 자'다. 자신에 대한 위협을 과장하는, 일종의 임상적 편집증자를 지칭한다. 이들은 자신의 소우주에 한정된 음모론을 펼친다. 두번째 유형은 '집착하는 폭로자'다. 음모를 밝히려는 폭로 의지가 지나쳐 집착으로까지 발전한 경우다. 이 유형이 신념윤리가와 가장 가깝다고 할 수 있다.

흥미로운 것은 세번째 유형이다. '폭로자로 위장한 사기꾼'은 음모를 조작하여 이익을 얻으려는 자다. 이 유형의 대표자로서 프랑스의 작가이자 기자인 가브리엘 조강파제스를 들 수 있다. 레오 탁실로 알려진 조강파제스의 놀라운 행적은 움베르토 에코의 『프라하의 묘지』에 자세히 묘사되어 있다(이에 대해서는 뒤에서 자세히 설명하겠다). 네번째 유형인 '점성술사'는 집착이라는 점에서 폭로자와 다르다. 이들은 특정 음모에 집착하지 않고, 일반인들의 눈에는 보

---

17) Thomas Grüter, *Freimaurer, Illuminaten und andere Verschwörer. Wie Verschwörungstheorien funktionieren*, Frankfurt am Main: Fischer Taschenbuch Verlag, 2010, pp. 75~94의 내용을 참조하라. 토마스 그뤼터는 음모론자의 유형을 '박해받는 자' '폭로자' '점성술사' '마녀사냥꾼'으로 나누었다. 나는 그뤼터가 말한 '폭로자'를 '집착하는 폭로자'와 '폭로자로 위장한 사기꾼'으로 세분할 필요가 있다고 판단했다. 기회주의적 사기꾼이 음모론을 출세나 이윤을 취하기 위한 상품으로 삼는 경우가 많기 때문이다.

이지 않는 "틀에 새로운 모자이크 조각을 꺼넣는 데 주력"한다. 그들의 목표는 음모의 폭로가 아니라 수수께끼 풀이다. 대체 왜 이런 이상한 일들이 생겼을까? 이를 나름대로 근거 있는 시각과 틀 속에서 풀어내는 것, 바로 이것이 점성술사의 목표다. 9·11의 수수께끼들을 풀어내어 전 세계에 무명을 떨친 저널리스트이자 저술가 마티아스 브뢰커스가 이에 해당한다.[18]

마지막 유형은 '마녀사냥꾼'이다. 기본적으로 그는 폭로자이거나 폭로자로 위장한 사기꾼이다. 마녀사냥꾼이 폭로자나 사기꾼과 다른 점은 마녀를 정의할 수 있는 권력과 낙인을 찍을 수 있는 자격, 그리고 무엇보다 물리력을 행사할 수 있다는 데 있다. 신념윤리가이든 사기꾼이든 폭로자의 업무는 음모의 폭로에서 멈추는 데 반해, 마녀사냥꾼의 업무는 음모자를 색출하여 파괴하는 것이다. 그뤼터는 마녀사냥꾼의 역사적 예로 두 사람을 언급한다. 조셉 매카시와 하인리히 크라머. 매카시 상원위원은 좌익 제5열(스파이), 즉 미국 사회에 암약하는 공산주의자를 색출하고 파괴하였고, 크라머는 교황청의 공인된 심문관으로 마녀사냥에 신학적 근거를 제공하는 『마녀의 해머』를 저술하여 기독교의 적들

---

18) 그의 활약은 다음의 웹사이트에서 확인할 수 있다. http://www.broeckers.com

을 색출하고 파괴하는 데 지대한 공헌을 했다.[19]

기회주의적 음모론자

그뤼터의 음모론자 유형론에서 얻을 수 있는 교훈은 이러하다. 신념윤리를 지닌 음모론자와 구별되는 기회주의적인 음모론자가 있다. 음모론자 중에는 신념윤리가도 있겠지만, 모두가 그런 것은 아니다. 사기꾼, 기회주의자일 수 있다. 매카시, 크라머 모두 그런 모습을 다분히 보였다. 매카시의 유명한 제5열 리스트를 보자.[20] 그는 어느 시골 마을의 여성 기독교인들을 대상으로 한 작고 초라한 강연에서 처음 발표한—그 지역 신문이 기사를 싣고, 이를 전국 단위 신문에서 주목하지 않았다면 분명 잊혔을—리스트에서 외무성에서 암약하는 공산주의자가 205명이라고 했다. 하지만 관계 당국과 언론으로부터 리스트를 넘겨달라는 요구를 받자 57명으로 줄였다가, 상원 청문회에서는 81명으로 다시 늘렸다. 비공개 상원 청문회에서 공개된 리스트에는 아예

---

19) 상세한 내용은, 이택광의 『마녀 프레임: 마녀는 어떻게 만들어지는가』, 자음과모음, 2013을 참조하라.

20) Thomas Grüter, 같은 책, pp. 80~90.

공란도 있었으며 중복 표기된 인물들도 있었다. 증명은 더 초라했다. 매카시는 이들이 공산주의자라는 증거를 제대로 제시하지 못했다. 혹시 매카시는 상원의원 재선에서의 성공을 위해 빨갱이 색출이라는 당시의 분위기에 편승했던 것은 아닐까? 물론 이런 행동으로 그를 '완전히' 사기꾼이라고 말할 수는 없을 수도 있다. 그 자신은 신념을 지키기 위해 그 정도 조작은 감수해야 한다고 생각했을지도 모를 일이기 때문이다.

기회주의적 음모론자의 모습을 압도적으로 보여준 것은 레오 탁실이다. 『프라하의 묘지』의 독일어판 번역자 부르카르트 크뢰버가 정리한 "실존 인물 색인"[21]에 따르면 레오 탁실은 처음에는 무신론자이자 결연한 반교황파였다. 하지만 프리메이슨 조직을 탐사하려던 계획이 실패로 돌아간 후 극적으로 변신한다. 당시 교황은 프리메이슨을 탐탁지 않게 여겼는데, 이에 발맞춰 탁실은 공격 대상을 천주교에서 프리메이슨으로 교체했다. 그는 공식적으로 천주교 회심을 선언하고, 『프리메이슨의 역사』라는 4권짜리——논픽션을 가장한——픽션을 출판한 후 교황청과의 밀월 관계를 시작했다.

---

21) Burkhart Kroeber, "Wahrhaftige Menschen. Historische Personen, mit denen Simonini zu tun hat," 2011. http://www.umberto-eco.de/der-friedhof-in-prag/personenverzeichnis.html

그 후 약 10년 동안 온갖 가능한 방법으로 프리메이슨의 악행을 폭로하는 픽션을 출판하고 성공을 누렸다. 압권은 다이애나 본이라는 매력적인 미국 여성을 '사탄의 여자'로 위장시켜 '쇼'를 벌인 것이었다. 탁실의 프리메이슨 비판은 1896년 천주교와 함께 대대적인 반프리메이슨 국제회의를 개최하면서 정점을 찍었다. 그 직후 독일의 한 신문사가 탁실의 사기행각을 폭로했다. 탁실은 1897년 회견을 자청했다. 그런데 자신을 변호할 것이라는 일반의 예상과 달리 그는 많은 청중들 앞에서 다음과 같이 선언했다. "모두 다 사기였소." 레오 탁실의 동료이자 경쟁자인 『프라하의 묘지』의 주인공 시모네 시모니니는 기회주의적 음모론자의 직업윤리를 이렇게 표현한다. "인정을 받으려면 무엇을 해야 할까? 어떤 음모에 관한 정보를 알려주어야 한다. 고발할 만한 음모가 없다면? 음모를 만들어내야 한다."[22]

그뤼터에서 착안한 음모론자의 구분, 즉 신념을 따르는 음모론자와 기회주의적(사기꾼) 음모론자의 구분을 볼프강 슐루흐터의 정치가 유형 구분과도 연결할 수 있다.[23] 슐

---

22) 움베르토 에코, 『프라하의 묘지 1』, 이세욱 옮김, 열린책들, 2013, p. 322.

23) Wolgang Schluchter, *Religion und Lebensfürung, B. 1: Studien zu Max Webers Kultur- und Werttheorie*, Frankfurt am Main: Suhrkamp, 1988. 특히 pp. 165~99를 보라.

루흐터는 막스 베버의 논의에 기대어 정치인을 세 유형으로 구분한다(〈표 1〉 참조). 그들은 세 지점에서 구별된다. 먼저 가치 측면이다. 신념정치인은 신념, 현실정치인은 성공(권력 획득), 그리고 책임정치인은 신념을 지키면서도 성공을 중시한다. 현실과의 관계를 보면 신념정치인은 세계로부터 도피(현실보다 신념이 우선)를, 현실정치인은 세계에 적응(신념보다 현실이 우선)을, 책임정치인은 세계의 지배(신념을 실현하기 위해 권력을 추구)를 목표로 한다. 신념정치인이 져야 하는 책임은 당연히 신념이며, 현실정치인은 성공의 책임을 중시하고, 책임정치인은 신념과 결과에 대한 책임 모두에 주력한다.

	신념정치인	책임정치인	현실정치인
목표로 삼는 가치	신념	성공과 연계된 신념	성공(권력 획득)
현실과의 관계	도피	지배	적응
책임 개념	신념에 대한 책임	신념과 결과에 대한 책임	결과에 대한 책임

〈표 1〉 윤리적 특성에 따른 정치가의 세 유형[24]

책임정치인을 이해하기 위해서 책임윤리에 대한 설명이

---

24) Wolfgang Schluchter, "Was heisst politische Führung? Max Weber über Politik als Beruf," *Zeitschrift für Politikberatung* 2, 2009, p. 245.

필요하다. 책임윤리의 특성은 "열정, 책임감 그리고 균형 감각"이다. 열정이 추종하는 "대의"는 신념윤리와 책임윤리의 공통적 특성이다. 결정적 차이는 전자의 열정이 "비창조적 흥분 상태"를 말한다면, 후자의 그것은 "객관적 태도"를 바탕에 깐다.[25] 이는 책임감과 연결된다. 책임정치인은 자신의 열정의 "결과"에 민감하다. "행동의 (예견 가능한) 결과에 대해 책임을 져야 한다는 원칙 아래 행동"하기 때문이다.[26] 이는 인간의 "평균적 결함들"[27]을 고려한 것인데, 좋은 의도를 갖고 행동했다고 해서 꼭 좋은 결과가 나오는 것은 아니기 때문이다. 반복하자면, 신념정치인은 좋은 의도에서 좋은 결과가 나쁜 의도에서 나쁜 결과가 나온다고 '믿으며,' 인간의 결함을 고려치 않고 완전한 계획이 가능하다고 '믿기에' 그것의 초라하고 처참한 결과의 책임을 지려 하지 '않는다.' 하지만 책임정치인은 이렇게 말한다. "이런 결과가 나온 것은 내 행동에 책임이 있다."[28] 책임정치인의 세번째 특성인 균형 감각은 "사물과 사람에 대해 거리를 둘 수 있는 능력"[29]으로 열정을 통제할 수 있는 능력이다.

---

25) 막스 베버, 『직업으로서의 정치』, p. 106.
26) 같은 책, p. 121.
27) 같은 책, p. 122.
28) 같은 곳.
29) 같은 책, p. 107.

우리가 더 살펴볼 것은 현실정치인이다. 현실정치인의 궁극적인 목표는 권력 획득이다. 이를 위해서 현실 세계에 적응하는 것이 필요하다. 자신의 신념을 지키고 실현하기 위해 노력하는 신념정치인과 달리, 신념의 실현을 위해 권력을 추구하는 책임정치인과도 다르게, 현실정치인은 '올곧이' 최종적인 목표인 성공, 즉 권력 획득을 위해 기회주의적으로 시류에 편승하며 세계에 적응하려고 노력한다. 그런데 신념정치인과 현실정치인이 명백히 구분되지 않는 경우가 있다. 현실정치인이었지만 신념정치인으로 변할 수 있기 때문이다.

엘리엇 애런슨과 캐럴 태브리스는 인간의 자기정당화 경향이 "기억의 자기 위주 왜곡"을 일으킬 수 있다는 점을 지적한다. 자기정당화는 자신이 저지른 나쁜 행동의 책임을 남에게 돌리거나 회피함으로써 스스로를 정당화하는 것이고, 기억의 왜곡은 "과거의 사건을 잊거나 왜곡하고, 그 결과 차츰 자신의 거짓말을 믿게" 되는 것이다.[30] 자신의 그릇된 행동을 변명하기 위해 거짓을 말했지만, 자신을 정당화하는 과정에서 자신의 거짓말을 점차 진실로 믿게 되는 상황이 벌어질 수 있다는 것이다. 리처드 닉슨 대통령의 참모였으며 워터게이트 사건을 폭로한 존 딘은 한 인터뷰에서

---

30) 엘리엇 애런슨·캐럴 태브리스, 같은 책, p. 16.

다음과 같이 말했다. "언론이 [……] 도청에 대해 알고 있어 잡아떼기 쉽지 않자 그들은 국가안보 사항이라는 주장을 제시했다. [……] 그것은 나중에 지어낸 구실에 지나지 않았다. 하지만 그들이 그렇게 말했을 때 그들은 정말로 자신들의 주장이 진실이라 믿었다."[31]

번잡스레 다녔다. 이제 추스를 때다. 우리는 앞서 신념윤리가를 음모론자와 등치했는데, 그뢰터와 슐루흐터의 논의로 기회주의적 음모론자의 유형을 포착할 수 있게 되었다. 음모론자는 신념윤리가와 기회주의자로 나눌 수 있다.[32] 책임귀인과 관련해서 두 유형의 음모론자는 공통점과 차이점을 보여준다. 우리는 앞서 신념윤리적 음모론자가 책임을 처리하는 독특한 방식을 이렇게 정리했다. 신념이 현실에 우선한다. 신념은 음모에 대한 믿음이며, 이에 따라 열악한 상황의 책임을 타인, 더 정확히는 음모집단에게 전가하고 회피한다. 이런 점에서는 두 유형의 음모론자가 같다. 그러나 동기와 의도에서 다르다. 신념윤리적 음모론자의 동기와 의도는 신념이다. 이에 비해 기회주의적 음모론자는 세속적이다. 성공과 이익과 허영심 때문에 음모론을 제조하는 것이다.

---

31) 같은 책, p. 17.
32) 책임윤리적 음모론자는 불가능하다. 책임윤리의 특성들, 무엇보다 책임감과 균형 감각이 음모론을 용납하지 않기 때문이다.

4장

착한 사람에게 왜 불행이 닥칠까?

고통을 어떻게 설명할 것인가?

욥은 묻는다. "선한 사람에게 왜 불행이 닥칠까?" 이 질문에 종교를 포함한 문화가 담당하는 과업의 요체가 담겨 있다. 욥이 묻고자 하는 바는 단순히 '불행의 이유'가 아니다. '착하게 살아왔는데도 왜' 고통을 받아야 하는지를 묻는 것이다. 행한 바와 얻는 바가 불일치하는 이유를 묻는 것이다. 니체가 말했듯, 인간이 직면한 문제는 고통 그 자체가 아니다. "'무엇 때문에 고통스러워하는가?'라는 물음의 외침"에 답할 수 없는 것이 문제다.[1] 욥은 고통의 의미를 알

---

1) 프리드리히 니체, 『선악의 저편·도덕의 계보』, 김정현 옮김, 책세상, 2002, p. 540.

수 없었다. 그를 괴롭힌 것은 바로 고통의 무의미함이었다. 신은 약속했다. 착하게 살면 행복할 것이다. 착하게 살았다. 하지만 불행하다. 욥은 약속을 저버린 신에게 고통의 무의 미함과 부당함에 이의를 제기한 것이다. "세계의 윤리적 비합리성"[2]의 까닭을 물은 것이다.

세계가 종교윤리의 주문 사항을 충족시키지 못하는 것이 세계의 윤리적 비합리성이다. 종교와 그 신자들은 종교적 세계와 현실 세계, 종교적 기대와 삶의 현실이 서로 "무관"함을 인정치 않는다.[3] 자신의 "합리적인 종교윤리"에 부합하지 않는 현실 세계를 "비합리"적으로 "경험"할 뿐이다. 신은 나에게 영생과 행복을 약속했다. 약속의 실현이 이치에 맞는, 즉 합리적인 것이다. 하지만 내가 겪는 이 고통, 이 비합리는 대체 무어란 말인가. 알 수 없다. 받아들일 수 없다. "모든 종교 발전의 원동력"이기도 한 비합리적 경험이 던지는 질문은 이렇다. "어떻게 전지전능하면서 동시에 자비롭다고 믿어지는 신의 힘이 그렇게도 비합리적 세계, 다시 말하여 부당한 고통, 처벌받지 않는 불의, 그리고 개선의 여지가 없는 어리석음으로 가득 찬 비합리적 세계를

---

2) 막스 베버, 『직업으로서의 정치』, 전성우 옮김, 나남, 2007, p. 125.
3) 막스 베버, 『종교사회학 선집』, 전성우 옮김, 나남, 2008, p. 269.

창조할 수 있었는가?"[4]

사실 종교적 기대와 현실의 간극은 불가피하다. 이것이
"베버의 근본적인 입장"이다. 언제나 있을 수밖에 없는 간
극이 문제가 되는 때는 예를 들어 어떤 물질적인 "'이익'에
반하는 일이 발생할 때"가 아니다. 윤리적으로 "'무의미'한
일이 발생할 때" 문제가 된다. 이유를 알 수 없고, 뜻을 이
해할 수 없으며, 의미를 찾을 수 없는 일이 발생하면 "고통
과 악의 문제들이 놓인" 간극은 문제가 되어 등장한다.[5] 말
하자면, 세계의 윤리적 비합리성으로 표현되는 고통과 곤경
은 간극에서 비롯한다. 그런 의미에서 신정론은 간극에서
비롯하는 비합리적인 고통을 설명하는 이론이다.[6] 신정론
은 종교적 기대가 인간적 현실과 일치하지 않으면서 생기는
고통이나 곤경을 문화적으로 덜어준다.[7] 예를 들어 사후 세

---

4) 막스 베버, 『직업으로서의 정치』, p. 126.

5) Talcott Parsons, "Introduction," Max Weber, *The Sociology of Religion*,
Ephraim Fischoff(trans.), Boston: Beacon, 1966, p. xvil.

6) Rudolf Siebert, "The Critical Theory of Society: The Longing for The
Totally Other," *Critical Sociology* 31(1-2), 2005, p. 67.

7) 베버에 따르면 성숙한 신정론은 불과 "세 가지"만이 개발되었을 뿐이다. "인
도의 업보론, 조로아스터교의 이원론 및 숨은 신의 예정설(칼뱅주의의 예정
설)이 그것이다"(막스 베버, 『종교사회학 선집』, p. 143). 가장 일관되고 "탁월
한 형이상학적 업적으로 인해 각별히 돋보"인다고 베버가 평가한 업보론은
간극의 책임의 맥락에서 보면 '철저히 내 탓'으로 고통과 행복을 설명한다.
'구원예정설'은 간극의 문제에 답하기를 포기하는 신정론이다. 모든 것이 신
의 섭리에 달렸다. 그것은 "신의 의중을 인간적 잣대로 재는 것은 불가능함

계의 존재나 다시 태어날 것이라는 점을 상기시킴으로써 죽어가는 자와 남아 있는 자를 위로한다. 현재는 불안이나 고통을 느끼지만 언젠가는—내세이든 현세이든—보상받을 것을 알려줌으로써 희망을 갖게 해준다. 아니면, 고통의 이유, 즉 섭리, 속죄, 사탄의 '음모' 등과 같은 이유를 알려줌으로써 삶의 의미를 찾게 해준다. 종교의 입장에서 신정론은 고통스런 현실에도 불구하고 신의 존재를 정당화하는 것

을 인정"한다. "인간의 이해력으로 세계의 의미를 파악할 수 있다는 생각을 냉정하고 분명하게 포기하는 것"이다(같은 책, pp. 276~77). 이원론은 간극의 "긴장들 속에서 어떻게든 하나의 공통된 의미를 찾고자 하는 인간의 형이상학적 욕구"의 "충족에 상당한 도움을 주었다"(같은 책, p. 274). 이것은 "빛과 어둠의 힘의 병존 및 대립, 즉 진리, 순결, 자비라는 빛의 힘과 거짓, 불순 그리고 사악함이라는 어둠의 힘의 대립론"이다. "신과 악마의 대립" "천당과 지옥에 대한 민중적 관념"은 모두 이것에서 비롯한다(같은 책, p. 275). 음모론과 관련하여 위의 신정론을 평가하면 이렇다. 업보론은 음모론과 관계없다. 모든 것을 내 탓으로 설명하기 때문이다. 예정설도 마찬가지다. 신에게 모든 것을 의탁하는 포기와 체념의 정서는 음모론과 어울리지 않는다. 음모론은 이원론과 관계가 깊다. 디터 그로는 이원론적 신정론을 음모론의 원동력으로 본다. "음모론적인 표상은 기독교 신학의 토양에서 곧바로 신정론의 문제로 빠져든다." 선한 사람에게 "불행이 닥친다면, 그것은 신이 아니라 음모집단, 예를 들어 악마와 결탁한 음모자들에게 책임이 있는 것이다." "아우구스티누스의 기독교적 플라톤주의에서 비롯한 두 개의 왕국론"은 음모론적 구조를 따라 세계의 불완전성을 설명하는 데 활용된다(Dieter Groh, "Die verschwörungstheoretische Versuchung oder: Why Do Bad Things Happen to Good People?," Dieter Groh(ed.), *Anthropologische Dimensionen der Geschichte*, Frankfurt am Main: Suhrkamp, 1992, p. 268). 이원론에 기댄 '기독교적 음모론,' 아니면 '음모론적 신정론'의 개연성을 강조하는 그로의 주장은 논란의 여지가 있다. 왜냐하면 음모론이 기독교 전통에서만 나타나는 것은 아니기 때문이다.

이지만, 그것을 믿는 자에게 제공하는 쓸모는 고통과 곤경의 문화적 해결이다.

의미에 대한 욕구

신정론은 무의미한 고통에서 비롯하는 의미에 대한 욕구를 풀어준다. 불합리한 세계에서 납득할 수 없는 고통에 시달리는 종교인은 신정론을 통해서 '고통에서 탈출'하고자 한다. 신정론이 제공하는 바는 그것만이 아니다. 피터 버거에 따르면 종교인은

　이러한 재난이 '왜' 자기에게 닥쳐왔는지 그 '이유'를 똑같이 알기 원한다. 비록 그의 고통과 재난을 해결해줄 것이라는 약속, 즉 현세나 내세의 행복이라는 약속을 신정론이 제공하지 않더라도, 만일 그것이 이러한 방식으로라도 의미의 문제에 답할 수 있다면, 고통을 받고 있는 그 사람에게는 대단히 커다란 위안이 될 것이다. 이러한 이유로 신정론을 단순히 그것의 '구속적救贖的' 잠재력의 견지에서만 고찰한다면 그것은 커다란 오류를 범하게 될 것이다. 실로 어떤 신정론은 의미 그 자체를 회복시켜준다는 보장을 제외하고는 구원

의 약속을 전혀 내포하고 있지 않은 것도 있다.[8]

신정론이 "일차적으로 제공하는 것은 행복이 아니라 의미"[9]다. 신정론은 불합리한 고통을 치유할 수는 없더라도, 의미를 알려줌으로써 위안받고 그것을 참을 만한 것으로 만들어준다. 인간이 의미를 요청하는 이유는 일종의 강박관념 탓이다. "세계를 유의미한 우주로 파악하고, 이 세계에 대해 입장을 정립하고자 하는 자기 자신의 내적 강박관념"[10] 말이다. 문화는 그렇게 인간의 내적 요구, 곧 세계 속에서 나름의 방향(세계 정향)을 정하려는 욕구를 충족한다.

우리는 베버와 버거를 따라 사회적 행위를 이끄는 의미의 중요성을 실감할 수 있다. 하지만 아쉬운 점이 있다. 의미가 어떤 방식으로 행위 결정에 영향을 미치는지, 어떤 기준이나 지침을 제공하는지를 명확히 알려주지 않는다는 것이다──물론 필자의 능력이 부족해서 찾지 못한 것일 수 있겠다. 간략히 말해서, 의미가 중요한 것은 알겠는데 그것이 대체 무엇인지, 그리고 무엇에 쓰이는지를 실감하지 못하겠

---

8) 피터 L. 버거, 『종교와 문화』, 이양구 옮김, 종로서적, 1981, p. 73. 번역자 이양구는 '신정론'이 아니라 '변신론'이라고 쓰고 있으나, 용어의 통일성을 위해 여기서는 '신정론'으로 옮겼다.

9) 같은 책, p. 72.

10) 막스 베버, 『종교사회학 선집』, p. 87.

다. 여기서 클리퍼드 기어츠의 조언이 유용하다. 기어츠는 의미의 힘과 쓸모와 매력이 위협에서 인간을 지키는 데 있다고 본다. "우리가 제일 참을 수 없는 것은 우리의 개념의 힘에 대한 위협이다. 즉 상징은 창조하고, 파악하고, 사용할 수 있는 우리의 능력"[11]에 대한 위협이다. 이 위협은 "모든 인생은 이해 가능하며 우리는 사고를 통해서 그 안에서 효율적으로 우리 자신을 위치짓게 할 수 있다는 명제에 대한 근본적인 도전"이다. 그 명제가 도전받으면 "인간은 매우 심각한 〔……〕 불안에 휩싸이게" 되는데, 기어츠는 이를 "혼돈chaos"이라 부른다.[12]

기어츠는 인간을 위협하는 혼돈의 경험을 세 가지로 정리한다. 첫째, 인간의 분석 능력(인지적 능력)을 뛰어넘는 경험이다. "이상하고 섬뜩한 것은 설명되어야만 한다."[13] 그럴 때 의미는 그것을 "그려내고 설명"할 수 있는 "설명장치"를 제공한다.[14] 둘째, 감정적 인내력의 한계를 뛰어넘는 경험이다. 고통이 제기하는 의미의 문제는 "어떻게 고통을 회피하느냐가 아니라, 어떻게 고통을 당하느냐, 어떻

11) 클리퍼드 기어츠, 『문화의 해석』, 문옥표 옮김, 까치, 2009, p. 125.
12) 같은 책, p. 126.
13) 같은 책, p. 128.
14) 같은 책, pp. 126~27.

게 육체적 고통, 개인적 상실, 세속적 패배, 또는 타인의 고뇌를 무기력하게 바라볼 수밖에 없는 것을 참을 만하고, 견딜 만한 것—우리가 흔히 말하는 고통당할 만한 것—으로 만드느냐이다."[15] 말하자면, 의미는 고통스런 경험을 이해할 수 있도록 만들어서 "그들의 느낌에 정확성을 부여하여, 침울하게 또는 즐겁게, 엄격하게 또는 호탕하게, 그것을 견딜 수 있게 하는 정서에 정해진 형태를 부여한다."[16] 셋째, 도덕적 한계를 넘어서는 경험이다. 이는 세계가 도덕과 무관하게 전개될 때 느끼는 경험이다. 도덕적 원칙과 무관하게 돌아가는 세계가 우리를 혼돈에 빠지게 한다. 특히나 그 경험이 고통으로 가득한 것이라면 혼돈은 더 커질 것이다. 쉽게 말하면 이렇다. 고통 자체로도 충분히 힘든데, 그것이 나의 비도덕성 때문이라면 이것은 이중적 처벌이다. 이렇게 믿는 것이 더 편하다. 고통이야말로 내 도덕성을 증명하는 표식이다! 내가 도덕적이기에 오히려 고통을 받는 것이다.

기어츠의 도움을 받아 신정론의 문화적 쓸모를 세 가지, 즉 인지적, 감정적, 도덕적 기능으로 정리할 수 있다. 인지적 쓸모는 고통이 '왜' 자기에게 닥쳐왔는지 그 '이유'를 알려준다. 감정적 쓸모는 고통에서 비롯한 불안감을 진정하거

---

15) 같은 책, p. 131.
16) 같은 책, pp. 131~32.

나 위안을 준다. 예를 들어 구원의 약속이 보장하는 복수와 보상이다(현세의 고통받는 자들에게 구원의 약속은 그들에게 고통을 주는 자들에 대한 복수이자 자신들의 고통에 대한 보상이다).[17] 도덕적 쓸모는 고통이 자신의 부도덕함에서 온 것이 아님을, 아니 오히려 도덕적이기에 고통을 겪는다는 점을 밝혀준다. 종합해서 말하면, 불합리한 세계의 경험에도 불구하고 신을 정당화하기 위해서는 '도덕적'으로 자신의 고통이 올바른 것이고, 그 원인과 이유를 '인지적'으로 파악할 수 있으며, '감정적'으로 고통 자체를 감내할 수 있어야 한다.

인간을 혼돈에 빠지지 않게 돕는 이런 세 가지 문화적 기능을 신정론만 제공하지는 않는다. 고통을 설명하는 다른 이론들도 모두 이를 제공한다. 음모론 역시 마찬가지다.

음모론, 간극의 상상적 해결책

신정론은 종교적 기대와 삶의 현실의 간극을 종교적으로 채우려는 시도다. 신정론의 설득력이 도전받으면서 그것이 하

---

17) '구원' '복수' '보상'의 문제는 신정론에 대한 논의에서 매우 중요한 위치를 차지한다. 이에 관해서는 뒤에서 상세히 살필 것이다.

던 일을 다른 문화적 방도가 보완하거나 대체한다. 이런 움직임은 간극에 대한 새로운 해석의 등장과 관련 있다. 지그문트 바우만은 오늘날의 시대, 그의 표현으로는 "유동적 근대의 주요한 모순"을 간극에서 찾는다.[18] 그는 기대와 현실, 무엇보다 기대하는 권리와 현실적 능력의 불일치에 주목한다. 원하는 바에 대한 권리와 이를 실현할 수 있는 능력의 간극이 점점 더 커진다. 가령 우리 모두는 '세계 최고'라는 수사의 홍수 속에서 "보편적 비교"[19]가 일상화된 세상에 살고 있다. 증권을 하는 당신은 워렌 버핏을 목표로 살고, 골프를 치는 당신은 타이거 우즈를 겨냥하며, 사회학을 하는 나는 지그문트 바우만과 비교하면서 산다. 안 그래도 조촐한 현실은 보편적 비교로 더욱 초라해지고 비참해진다. 더 끔찍한 것은 실패와 비극에 대한 모든 책임을 우리 스스로가 져야 한다는 것이다. 남을 탓하는 것조차 어려워졌다. 이집트를 탈출할 수밖에 없었던 이스라엘인들의 사정과 다르지 않다. 파라오는 벽돌을 만드는 데 쓰는 볏짚을 이스라엘 백성에게 주지 말고 "그들이 스스로 볏짚을 구하도록 해서 예전과 같은 양의 벽돌을 생산"하도록 명했다. 책임자가 불가능하다고 말하자, 파라오는 질책했다. "너희들은 게으

18) 지그문트 바우만, 『액체근대』, 이일수 옮김, 강, 2009, p. 62.
19) 같은 책, p. 16.

르고도 게으르도다."[20] 우리 시대의 파라오들, 외부에 있는 파라오들과 우리 내면에 있는 파라오들도 같은 말로 우리를 질책한다. 너희들은 게으르고도 게으르도다. 삶의 조건은 여전하거나 나빠졌는데, 져야 하는 책임은 비할 데 없이 커졌다.

매 순간 자신을 책망하고 자괴감을 느끼며 사는 것은 결코 쉬운 일이 아니다. 그렇다고 비극적 현실을 개선할 수 있는 어떤 실질적 해결책이 있는 것도 아니다. 바우만은 "전기적傳記的 해법,"[21] 즉 자기계발이 거의 유일한 대책이 되었다고 말한다. 울리히 벡의 표현을 빌리자면, 아무도 체제 모순을 돌보지 않기에 개인들이 나름의 해법을 찾아야 한다. 체제 모순의 개별적 해법인 자기계발은 개인이 제 생을 책임져야 하는 당대의 유일한, 그러나 실효성이 없는 해결책이다. 물론 다른 해결책도 있다. 우리 상상 속에 있다. "상상의 해결책"[22]은 비극의 원인을 내가 아닌, 명백한 어떤 것으로 만들어 곤경의 복잡성을 축소한다. 상상의 해결책은 원인을, 책임을 져야 할 사람들을, 비난하고 공격할 수 있는 적과 원수와 원흉 들을 명료하게 보여준다. "우리

---

20) 같은 책, p. 79.
21) 같은 책, p. 57.
22) 같은 책, p. 63.

시대는 희생양을 환영한다. 그 희생양이 사생활이 엉망인 정치가여도 좋고 비열한 거리와 거친 구역들을 거니는 범죄자들이어도 좋고" 외국인이어도 좋다. 우리 시대는 "이런저런 음모이론을 뒤적이고 그간 억눌려 있던 거대한 두려움과 분노 덩어리가 일거에 분출될 수 있을" 희생양을 찾아 헤맨다.[23)]

바우만의 논의에서 주목할 점은, 간극을 메우거나 좁히는 쓸모에 있어 자기계발과 음모론이——당연히 신정론도——같다는 것이다. 자기계발은 간극의 책임 소재를 명확히 해주고 대책도 제공한다. 나 이외에 내가 처한 처지에 대해 책임을 질 다른 사람이란 없다. 내 실패는 오직 나 자신의 방만함과 태만에 원인이 있을 뿐이다. 말 그대로 "죽어라 노력하는 수밖에 다른 도리가 없다."[24)] 음모론도 간극의 책임 소재를 명확히 해주고 대책도 제공한다. 간극의 원인이 음모임을 알려주어 두려움과 분노를 음모집단에게 배설할 수 있도록 돕고, 악한 그들과 선한 우리들의 경계를 명확히 함으로써 '도덕적 혼돈'을 정리한다.

우리 시대의 핵심적 모순은 무한정 커지는 기대(권리)와 그래서 더 초라하고 비극적인 현실(능력)의 간극인데, 이를

---

23) 같은 곳.
24) 같은 곳.

채울 방도는 여럿이다. 과거에는 신정론이 이를 담당했고, 오늘날에는 자기계발과 음모론이 거든다. 외관은 달라도 쓸모는 같다.

라인하르트 코젤렉 역시 근대를 이전 시대와 구별하는 특징으로 기대(기대지평)와 현실(현실지평)의 간극이 지속적으로 커지는 점을 지적한다.[25] 그것이 꼭 나쁜 것은 아니다. 진보의 이름으로 개인과 사회를 변화시키는 동력이기 때문이다. 오늘의 현실에 안주하지 않고 발전된 미래를 꿈꾸고 실현하려 노력하는 것, 그것은 근대인과 근대 사회를 움직이는 원동력이다. 무엇보다 우리나라의 발전이 이를 증명한다. 그러나 너무 커진 간극은 동기를 부여하기보다 절망과 체념과 냉소를 키운다. '어차피 안 될 거야.' 분노와 르상티망ressentiment[26]을 키울 뿐이다. '뭐야, 잘난 체하는 저것들은…… 부숴버릴 거야.' 간극이 동력이 되기 위해선 설명되어 '관리'되어야 한다. 그것은 문화의 몫이다. 잊지 말자. 상상의 해결책 또는 문화적 해결책이 기대와 현실의 거리를 실제로 좁히는 것은 아니다. 바우만이 '상상'이라는 용어를

---

25) 라인하르트 코젤렉, 『지나간 미래』, 한철 옮김, 문학동네, 1998.
26) '원한'으로 번역되기도 하는 르상티망은 니체의 개념으로, 약자 혹은 패배자가 강자나 승자에게 품은 시기심이나 원한에서 비롯한 분노나 복수심의 감정을 이르는 말이다.

쓴 것도 이 때문이다.

간극을 문화적으로 관리하는 쓸모에서 신정론과 음모론은 같다. 그렇기에 이들을 비교할 수 있다. 음모론을 감히 '신神'정론에 비교하다니 '불경'하다 여길 수도 있겠지만, 이것이 "사회학의 얄궂은 운명"[27]이다. 마르크스는 종교를 아편이라 했다. 종교적인 것을 종교의 관점이 아니라 정치적인 관점에서 본 것이다. 말하자면 그는 종교의 쓸모를 종교자체의 관점이 아니라 다른 관점, 곧 지배와 통치의 문제로 통찰했다. '종교가 아편과 같은 쓰레기'라는 것이 아니다. '종교가 기존의 지배질서를 유지하는 데 어떤 기여(쓸모)를 했는지'를 따지려는 것이다. 사회학이 쓸모에 주목하는 것은 다양한 사회적 사물들의 비교 가능성을 높이는 것이며, 그렇게 하여 새로운 관점과 지식이 생성된다. 그런 한에서 내 주장은 다음과 같다. 적어도 간극의 문화적 해결책이라는 측면에서 음모론은 신정론과 같다. 무엇보다 기어츠가 말한 문화의 세 가지 측면에서 같다. 차례대로 살펴보자.

인지적 쓸모

음모론은 인지적 혼돈을 감당하는 데 쓰인다. 인지부조화를

---

27) 전상진·김무경, 「사회학의 위기에 대처하는 두 가지 방법」, 『사회와이론』 제17호, 2010, pp. 244~45, 250.

줄여주며, 복잡성을 줄여준다. "음모론의 매력과 확산은 스트레스 상태에 있는 집단이나 개인들에게 현실의 압박을 경감시켜주는 기능에서 비롯한다. '선한 사람들에게 나쁜 일이 일어나면, 세상이 무엇인가 잘못된 것일 수 있다'는 것이고, 이 불일치를 음모론이 설득력 있게 해석해줄 수 있다."[28] 기대와 현실의 간극에서 나타나는 불일치, 좁혀 말하면 인지부조화는 상충하는 정보로 인해 사람들이 느끼는 혼돈을 말한다. 예를 들어 나는 담배가 몸에 해롭다는 것을 알지만, 그럼에도 담배를 피운다. 알지만 행하는 멍청한 짓으로 나는 힘들다. 인지부조화는 지식과 행동의 불일치이며, 그것은 심리적 에너지를 허비하게 만든다. 불일치는 어떤 형태로든 해소되어야 한다. 방법은 두 가지다. 담배를 끊던지, 아니면 흡연 행동을 정당화해야 한다.

금연이 어려운 일임은 누구나 다 안다. 담배의 무시무시한 중독성을 말해주는 것이기도 하지만, 자기정당화의 간편함을 보여주는 것이기도 하다. 자기정당화에 어려움을 겪는 사람들은 엘렌 베스와 로라 데이비스가 『아주 특별한 용기』에서 조언한 바를 따르는 것이 좋을 수 있겠다. 그들은 어린 시절 학대당한 기억이 없는 사람들에게 다음과 같이 말

---

28) Dieter Groh, 같은 글, p. 273.

한다. "학대받은 기억을 처음 떠올리고 자신의 문제가 학대의 결과라고 인정할 때, 당신은 엄청난 안도감을 느낄 수도 있다. 마침내 당신의 문제에 대한 원인을 찾은 것이다. 탓을 할 누군가, 무언가가 있는 것이다."[29]

조언의 요점은 이거다. 탓할 누군가를, 무언가를 찾아라! 고통을 겪는 당신, 자기 탓을 하지 말고, 그 책임을 지울 대상을 찾아 평안을 구하라. 학대당한 기억이 없다고? 그런 경험이 없다고? 그럴 리가 없지. 당신같이 착하고 스마트하고 능력 있는 사람이 쓰레기처럼 담배도 끊지 못하고 사는데? 달리 이유가 없는 거잖아. 잘 생각해봐. 당신의 부모가, 교사가, 그것도 아니라면 동네 어른이나 '바바리맨'이라도 널 학대했을 거야. 기억 못하겠다고? 그러면 그냥 인정해. 하다못해 지어내기라도 하라고. 네가 짊어질 수 없는 책임을 다른 사람들에게 돌리라고. 그러면 넌 엄청난 안도감을 느낄 수 있을 거야. 그래, 내가 아직도 담배를 피우는 이유는 어릴 적에 학대를 받았기 때문일 거야. 아니, 확실히 그 때문이야!

기억의 회복과 '발명'으로 인지적 간극을 해결하는 방법이 유행한 적이 있다. 1980~90년대 미국에서 기억 회복 운

---

29) 엘리엇 애런슨·캐럴 태브리스, 『거짓말의 진화: 자기정당화의 심리학』, 박웅희 옮김, 추수밭, 2007, p. 139.

동과 보육시설에서의 아동 성추행 공황panic이라는 "두 가지 히스테리성 유행병"[30]이 창궐한 적이 있다. 실제로 학대당한 경험은 없지만 현재의 자신에 만족 못하는 사람들이 심리치료사에게 설득당해서—또는 공모해서—자신의 학대 경험을 발명한 경우가 많았을 것이다. 마찬가지로 아이의 발달 상태에 만족하지 못하는 학부모들은 그 책임을 보육시설 관계자에게 지우려 했다.

음모론의 창궐도 마찬가지다. 현재에 만족하지 못하는 사람들이 그 책임을 음모집단에게 전가하는 것이다. 물론 차이는 있다. 히스테리성 유행병이 부모와 교사를 책임 전가의 주된 표적으로 삼는다면, 음모론은 음모집단을 조준한다. 예를 들어, 일본의 '재특회在特会(재일특권을 용납하지 않는 시민모임)' 회원들은 재일조선인과 그들을 옹호하는 "거대 언론, 공무원(교사 포함), 노동조합, 국제적인 대기업, 그 외 좌익 일반, 외국인"에게 "무언가가 잘 안 풀리는" 현 상황에 대한 책임을 돌림으로써 인지적 간극에서 비롯하는 "불안과 불만"을 해소한다.[31] 미국의 오랜 역사를 지닌 우익 포퓰리즘 운동을 계승한 티파티 운동Tea Party Movement

---

30) 같은 책, p. 147.
31) 야스다 고이치, 『거리로 나온 넷우익: 그들은 어떻게 행동하는 보수가 되었는가』, 김현욱 옮김, 후마니타스, 2013, pp. 344~47.

도 마찬가지다. 1773년 독립전쟁 당시 보스턴 티파티의 명칭을 차용한 이 운동이 시작된 때는 2009년이었다. 자신들에 기생하는 진보적 엘리트와 거대 자본가와 연방 정부, 그리고 외국인과 범죄자와 약물 중독자에 분노한 우익 급진주의자들은 특히 "혁명가 오바마Obama the revolutionary"[32]가 집권하면서 급속히 결집했다. 결집의 동력은 두려움이었다. '오바마가 미국을 사회주의 국가로 만들 것이다.'

음모론이 창궐하는 배경으로 지목되는 '해석 장애'나 '인과성의 위기'도 인지부조화의 맥락에서 이해할 수 있다.[33] 해석 장애는 상충하는 정보와 증거 들로 인해 생기는 혼돈이다. 넘치는 정보로 다양한 해석이 가능하지만 어떤 것도 믿을 수 없는 상황의 표현이다. 소설가 돈 드릴로는 케네디 암살을 "실재하는 것, 이해할 수 있는 것, 그럴듯한 것의 심장부에 일어난 자연 재앙"[34]으로 묘사했다. 정부의 공식 조

---

32) Lauren Langman, "Cycles of Contention: The Rise and Fall of The Tea Party," *Critical Sociology* 38(4), 2011, p. 470.

33) 해석 장애는 티모시 멜리Timothy Melley의 *Empire of Conspiracy: The Culture of Paranoia in Postwar America*, Ithaca&London: Cornell University Press, 2000, p. 16를, 인과성의 위기는 프랭크 푸레디, 『공포 정치: 좌파와 우파를 넘어서』, 박형신·박형진 옮김, 이학사, 2013, p. 115를 참조하라.

34) Don DeLillo, "American Blood: A Journey Through The Labyrinth of Dallas and JFK," *Rolling Stone*, December 8, 1983, p. 22; Jeremy Green, "Libra," John N. Duvall(ed.), *The Cambridge Companion to Don DeLillo*, Cambridge et al.: Cambridge University Press, 2008, p. 94에서 재인용.

사위원회Warren Commission는 암살범 오스왈드의 단독 범행('고독한 사나이' 테제)이라는 결론을 내렸지만, 그의 동기, 방법, 과정 모두 의심스럽고 모순투성이였다. 그리고 무엇보다 공식 조사 자체가 수상했다. 너무 서둘러 끝났고, 조사위원들도 믿을 수 없었다. 가해자로 의심받던 CIA와 FBI가 실질적으로 조사를 수행했기 때문이다. 단독 범행이라는 애초의 가설을 입증하기 위해 노골적인 짜깁기를 했다는 의혹이 크다. 무엇보다 오스왈드가 암살당하면서 의혹은 더욱 증폭되었다. 케네디 암살은 50년 이상이 지난 오늘날까지도 9·11과 함께 최대이자 최고의 음모론 생산지로 남아 있다.

이와 관련하여 노엄 촘스키는 '대중의 해석 장애'를 유발하려는 "정치권력"의 음모를 제기한다. 그는 "대중이 접하기 힘든 케네디 암살에 관한 정보를 주기적으로 흘릴 것을 정부에 권고하는 펜타곤의 상황 보고서"가 있다면서 다음과 같이 말한다. "보고서의 의도는 뻔합니다. 대중이 대답하기 원치 않는 문제를 던져주는 대신에 그 실체가 불분명한 사건에 관심을 쏟게 하라, 이거지요."[35] 이런 종류의 전략을 소설가 임성순은 이렇게 표현한다. "회사는 거짓을 만

---

35) 노엄 촘스키, 「자본주의 이후의 삶」, 사샤 릴리 외, 『자본주의와 그 적들: 좌파 사상가 17인이 말하는 오늘의 자본주의』, 한상연 옮김, 돌베개, 2011, p. 450.

드는 게 아니다. 거짓과 진실을 뒤섞는다. 그리고 그것을 균일하게 만들어 어느 곳에도 진실이 존재하지 않게 만든다."[36] "자본주의, 관료주의 사회를 상징"[37]하는 '회사'가 그렇게 행동하는 이유는 무엇인가? "우리[회사]의 힘은 비밀에서 나오니까요. 정보의 비대칭이야말로 권력의 원천이지요. 비밀을 감추는 가장 좋은 방법이 뭔지 아세요? 거짓말은 결코 오래 못 가요. 오히려 정보를 과다하게 제공하는 겁니다. 진실과 거짓을 뒤섞어서."[38] 진실과 거짓이 뒤섞여 해석 장애가 일어나는 상황에서 음모론은 공식적 설명과 동등한 지위를 누린다. 해석 장애 속에서 권력과 권위도 진리를 독점할 수 없기 때문이다.

해석 장애가 만연하는 가운데 인식 능력에 대한 근본적인 도전이 시작되었다. "사회생활과 정치생활은 인과성의 위기를 경험하고 있다." "사회는 특정한 결과를 야기해온 사건의 연쇄를 파악하지 못하게" 되었고 "일련의 무형의 사건으로 보이는 것에서 의미를 발견할 수 있는 능력을 감소시킨다."[39] 말하자면, 오늘날 일어나는 사건들의 원인이나 숨

36) 임성순, 『컨설턴트』, 은행나무, 2010, p. 197.
37) 임성순, 『오히려 다정한 사람들이 살고 있다』, 실천문학, 2012, p. 87.
38) 같은 책, p. 34.
39) 프랭크 푸레디, 같은 책, p. 115~16.

겨진 연관성을 알 수 없게 되었다. 지금 우리가 겪는 기후 변화가 대표적인 예다. 두 가지 추론—또는 음모론—이 있다. 기후변화론자들은 거침없는 산업 생산과 끝없는 소비가 기후를 변화시킨 핵심 원인이므로, 탄산가스 규제와 같은 전지구적인 정책이 필요한데 초국적기업, 그들과 이해를 같이하는 정부들, 그리고 그들의 하수인인 과학자들과 지식 인들이 카르텔을 형성하여 이에 저항한다고 주장한다. 반대로 기후회의론자(속칭 '디나이어deniers')들은 기후변화론자들이 "온실효과 음모집단의 일부가 되어 의도적인 과학적 사기를 진짜인 양 증명하고 경제 번영을 파괴"한다고 주장한다.[40]

이른바 기후게이트climategate를 기후회의론자들은 "신의 계시"이자 음모집단의 존재를 '폭로'한 것으로 받아들였다.[41] 2009년 11월 영국 이스트앵글리아 대학 기후연구센터가 해킹을 당하면서 기후변화 연구와 관련된 이메일과 문건들이 유출되었다. 연구소의 과학자들은 기후변화에 대한 대응이 급하다는 점을 강조하기 위해 특정 연구 결과를 공개

40) 수전 조지, 『하이재킹 아메리카: 미국 우파는 미국인의 사고를 어떻게 바꾸어놓았나』, 김용규·이효석 옮김, 산지니, 2010, pp. 318~19.

41) Martin Skrydstrup, "Tricked or Troubled Natures? How to Make Sense of 'Climategate'," *Environmental Science & Policy* 28, 2013, p. 99.

하지 않거나 연구 과정에서 데이터를 조작했다는 의심을 받게 되었다.[42] 또 회의론자들의 주장을 지지하는 논문이 주요 학술지에 실리지 못하도록 압력을 행사한 정황들이 포착되었다.

음모집단의 악명을 뒤집어쓴 기후변화론자들은 사실 억울하다. 기후회의론자들 뒤에 카르텔, 즉 다국적 석유기업의 막대한 자금과 미국, 러시아, 산유국 등이 도사리고 있다는 것은 널리 알려진 바이기 때문이다. 그리고 또 왜 하필 2009년 12월 코펜하겐에서 유엔기후변화협약UNFCCC 당사국총회가 개최되기 바로 전에 연구소가 해킹당했는지에 대한 의혹도 있다. 어쨌든 영국 정부와 다수의 독립 기관들의 조사에 따르면, 기후연구센터와 소속 과학자들이 자료 조작과 같은 '범죄'를 저지른 것은 아니며, 그들의 연구 결과도 여전히 신뢰할 수 있다고 한다. 기후게이트에서 '폭로'된 자료들은 단지 과학계에서 일상적인 "사회적 게임"의 수준을 넘어서지 않았다.[43] 그것은 '온실효과 음모집단'의 정체를 드러내는 증거가 아니라, 마치 기업이나 정치인들이

---

42) 이청솔, 「기후변화 회의론자, 감축 협상 '딴죽'」, 『주간경향』, 2009년 12월 22일자. http://newsmaker.khan.co.kr/khnm.html?mode=view&code=115&artid=200912171056521&pt=nv

43) Martin Skrydstrup, 같은 글, p. 97.

벌이는 일상적인 권력 게임과 마찬가지로 과학자들 사이에서 벌어지는 권력 다툼이 '노출'된 것일 뿐이다. 그러나 분명한 것은 기후게이트로 기후변화론자에 대한 공적 신뢰가 훼손되었다는 점이다.

그동안 '사실'로 받아들여지던 기후변화론자들의 주장을 과거처럼 신뢰할 수 없게 되었다. 지금 우리가 경험하는 기후변화의 원인은 무엇일까? 알 수 없다. 이것이 바로 푸레디가 말한 사회의 인과성 위기의 모습이다. "사회의 인과성의 위기는 많은 사람들로 하여금 설명을 음모의 영역에서 찾게 만든다."[44] 음모론은 사건의 원인에 대해 공식적 설명과 다른 대안을 제시한다. 전문가만 해독할 수 있는 기후학의 복잡한 결과들 앞에서 우리들은 선택의 기로에 섰다. 미국, 러시아, 산유국과 석유회사들이 자신들의 정치·경제적인 이익을 위해 '인간이 만들어낸 기후변화'를 은폐한다는 것을 믿거나, 장기적인 기후변화를 마치 인간이 만들어낸 것처럼 호도하여 '인류의 경제적 번영'을 파괴하려는 음모 집단의 존재를 믿거나. 이렇게 음모론은 해석이나 인과성에 대한 불신과 의혹을 잠재우는, 따라서 인지적 혼돈을 제어하는 역할을 한다.

---

44) 프랭크 푸레디, 같은 책, p. 116.

감정적, 도덕적 쓸모

감정적, 도덕적 혼돈에도 음모론은 중요한 역할을 한다. 호프스태터가 지적한 바처럼 음모론의 매력은 감정적 상처(분노, 열패감, 시기심 등)와 손상된 도덕적 자긍심을 치유하고 복원하는 데 있다. 움베르토 에코는 『프라하의 묘지』에서 표트르 이바노비치 라치코프스키의 입을 빌려 음모론의 감정적 쓸모를 설명한다.[45]

〔러시아〕 민중에게 희망을 주기 위해서는 적이 필요합니다. 누가 말하기를 애국주의란 천민들의 마지막 도피처라 했습니다. 도덕적인 원칙과 담을 쌓은 자들이 대개는 깃발로 몸을 휘감고, 잡것들이 언제나 저희 종족의 순수성을 내세우는 법이죠. 자기가 한 국가나 민족의 일원임을 확인하는 것, 이는 불우한 백성들의 마지막 자산입니다. 그런데 그런 소속감은 증오에, 자기들과 같지 않은 자들에 대한 증오심에 바탕을 두고 있습니다. 증오심을 시민적인 열정으로 키워 나가야 합니다. 적이란 결국 민중의 벗입니다. 자기가 가난하고 불행한 것은 자기 잘못이 아니라 어딘가 다른 데에 분명한 이

---

45) 에코는 실제로 러시아 차르의 비밀정보부 오크라나Okhrana를 이끌었던 라치코프스키를 소설로 끌어들여 시모네 시모니니가 '시온 장로들의 프로토콜'이라는 허위 문서를 쓰도록 사주한 것으로 만든다(움베르트 에코, 『프라하의 묘지』, 이세욱 옮김, 열린책들, 2013).

유가 있다고 느끼려면 언제나 증오할 사람이 필요합니다.[46]

음모론은 적, 곧 음모집단을 발명 또는 발견하여 민중에게 희망을 제시한다. 민중은 증오할 것을 얻음으로써 자신을 탓하거나—무엇보다—권력자를 비난하지 않게 된다. 음모론의 감정적 쓸모를 포착한 것은 에코만이 아니다. 야스다 고이치 역시 이를 포착했다.

아무것도 가질 수 없는 사람에게 '애국'이란 유일한 존재 증명이 되기도 한다. 18세기 영국의 문학가 새뮤얼 존슨은 "애국심은 악당의 마지막 은신처다"라는 유명한 경구를 남겼다. 그러나 정말로 그럴까? 재특회를 보고 있으면 애국심은 외로운 사람들의 마지막 피난처가 아닐까 하는 생각이 든다.[47]

같은 맥락에서 일본 보수 시민운동의 개척자로 알려진 마스키 시게오도 재특회가 "애국의 이름을 빌린 분풀이"[48]를 한다고 본다. "그들은 사회에 복수하고 있는 게 아닐까? 내가 보기엔 다들 모종의 피해의식을 갖고 있어. 그 분노를

---

46) 같은 책, pp. 599~600.
47) 야스다 고이치, 같은 책, p. 142.
48) 같은 책, p. 343.

일단 재일 코리안에게 떠넘기고 있는 것 같아."[49) 디터 그로는 음모론의 감정적, 도덕적 방어 기제로서의 역할을 강조한다. 음모론은 그것을 주장하고 추종하는 자들이 "하나의 공동체를 형성하여 자신의 두려움을 경감"해주고, 더 나아가 도덕적으로 선한 '우리'를 핍박하는 악한 '그들'을 선명하게 보여줌으로써 도덕적 의미를 복원해준다.[50) 이상의 내용을 아래와 같이 요약할 수 있다.

	신정론	음모론
출발점	선한 사람에게 왜 불행이 닥칠까: 윤리적으로 불합리한 경험, 예컨대 죽음, 질병, 불평등, 부정의 등의 의미를 알고자 하는 욕구	
인지적 쓸모	신의 섭리를 밝혀줌으로써 사태를 파악할 수 있도록 도움	원인 제공자인 음모집단을 밝혀줌으로써 인지부조화 및 해석 장애와 인과성 위기 해결
감정적 쓸모	구원의 약속을 통해서 고통을 감내하거나, 자신의 처지를 정당화함으로써 불안에서 벗어남	감정적 상처와 손상된 자긍심을 치유하고 복원
도덕적 쓸모	고통과 자신의 처지를 도덕적으로 정당화	도덕적으로 선한 '우리'를 핍박하는 악한 '그들'을 선명하게 보여줌으로써 도덕적 의미를 복원

〈표 2〉 신정론과 음모론의 문화적 쓸모의 등가성

---

49) 같은 책, p. 344.
50) Dieter Groh, 같은 책, p. 275.

위의 내용을 종합해볼 때 우리는 신정론과 음모론이 적어도 문화적 쓸모와 관련해서는 같다고 말할 수 있다. 루트 그로는 논의를 조금 더 확장하여 문화적 쓸모에서 음모론이 신화, 종교(신정론), 이데올로기와 큰 차이가 없다고 주장한다. "음모론은 무엇인가 발생했을 때, '그것을 이해하는 방식'과 '우리가 할 수 있는 바와 해야 할 바'를 알려준다. 의미 창출과 행위 인도"의 기능, 즉 자신이 겪은 사태를 비롯한 온갖 것에 의미를 부여하고 행위를 할 수 있도록 하는 "기능에서 음모론은 신화와 종교와 온갖 종류의 이데올로기"와 흡사하다.[51]

신정론과 음모론이 제공하는 문화적 쓸모는 바로 다음에 살펴볼 정치적 쓸모의 전제다. 정치적 목적을 위해 신정론과 음모론이 쓰일 수 있는 이유는 그것이 제공하는 문화적 쓸모 때문이다. 음모론이 고통에서 비롯하는 인지적 혼란을 제거하고, 감정적으로 고통을 감내할 수 있도록 가공하고, 도덕적으로 수용할 수 있도록 하기 때문에 정치적으로 쓰일 수 있는 것이다.

---

51) Ruth Groh, "Verschwörungstheorien und Weltdeutungsmuster. Eine anthropologische Perspektive," C. Caumanns · M. Niendorf(eds.), *Verschwörungstheorien. Anthropologische Konstanten-historische Varianten*, Osnabrück: Fibre Verlag, 2001, p. 38.

5장

정치적 수단으로서의 음모론

신정론의 정치성: 배제와 사회적 폐쇄의 정치

한국에서 초고층 아파트의 인기는 대단하다. 게다가 초고층 아파트의 최고층이라면? 아무나 가질 수 있는 것이 아니다. 가지기는커녕 접근하기도 힘들다. 그것은 선택받은 자들, 최고위층의 전유물이다. 아마 사회적 위상을 공간적으로 과시하려는 욕망을 반영하는 것이리라. 우뚝 서서 너희를 내려다보겠다, 또는 너희들은 나를 우러러봐야 한다!

주거지의 높이가 사회적 지위를 반영하듯, 사회적 위치에 따라 세상은 달리 보인다. 달리 보기에 생각하는 바도, 행동하는 바도 다르다. 당연히 믿는 바도 다를 것이다. 말하자면, 사회적 위치에 따라 사람들이 좇는 신정론은 다르다.

신정론은 지위를 높이거나 방어하려는 정치적 수단으로 쓰일 수 있다. 그래서 사회학자들은 신정론을 "배제와 사회적 폐쇄의 정치의 한 차원"[1]이라 표현한다. '사회적 폐쇄'라는 개념은 막스 베버가 쓴 것인데, '경쟁의 대상이 되는 자원과 기회를 독점적으로 통제하려는 전략적 행동'을 말한다.[2] 이를테면, 지위의 결정에 중요한 자원과 기회에 접근할 수 있는 가능성을 자신의 입맛에 맞게 관리하는 것이다. 사회적 폐쇄는 당연하게도 우리(내집단)가 아니라, 그들(외집단)을 겨냥한다. 내집단은 자신의 사회적 이점을 최대화하려는 목적으로 외집단을 배제하여 희소한 자원과 기회를 독점하려 노력한다. 특히 자원과 기회가 제한된 상태에서,

경쟁자의 수가 증가함에 따라 경쟁 참여자들에게는 [다른] 경쟁 참여자를 어떤 방식으로든 제한하려는 이해관계가 자라난다. 이러한 현상이 일어나는 통상적인 형식은 다음과 같다. 즉, [경쟁에 참여한 어떤 집단이] (현재적 또는 잠재적) 경쟁자들의 일부에서 외적으로 확인할 수 있는 어떤 특징을 빌

---

1) Bryan S. Turner, *For Weber: Essays on The Sociology of Fate*, 2nd edition, London: Sage, 1996, p. 170.
2) 막스 베버, 볼프강 몸젠·미하엘 J. 마이어 엮음, 『경제와 사회: 공동체들』, 박성환 옮김, 나남, 2009, p. 152를 참조하라.

미 삼아, 즉 인종, 언어, 교파, 지역적 및 사회적 출신, 혈통, 거주지 등을 빌미 삼아, 그러한 특징을 지닌 경쟁자들을 경쟁에서 배제하려 노력하는 것이다. 〔……〕 그렇게 해서 발생한 어느 한 〔집단의〕 공동체 행위는 이에 맞서〔는 다른 집단의 대항〕 공동체 행위를 불러일으킬 수 있다.[3]

폐쇄하는 자와 배제된 자들이 벌인 경쟁의 결과물인 배제와 사회적 폐쇄의 적용 가능성은 베버가 말한 것처럼 무한하다. 말 그대로 터무니없는 배제와 폐쇄의 기준과 규칙이 설 수 있다. 가령 취업이 어려운 상황에서 어떤 지역 사람들이 상대적 이점을 만들기 위해서 묘책을 고안했다고 치자. '우리 사투리를 쓰는 사람들에게만 취업 기회를 주자.' 취업이라는 희소재를 향한 접근 기회를 독점하려는 시도는 당연히 반발을 산다. 그럼에도 불구하고 그들은 노력한다. 그렇게 단단한 "이해당사자 공동체"[4]가 형성된다. 당연히 그에 대항하는 공동체도 형성된다. 그러나 앞의 공동체가 정치적 개입을 통해 그것을 정립하고—국회나 행정부에서 사투리 의무 규정을 법안이나 시행령으로 만들고—집행 기관을 설치하여 이를 실행하는지를 감시, 감독, 처벌하면, 터

---

3) 같은 책, p. 152. 번역은 일부 수정하였다.
4) 같은 책, p. 153.

무늬없는 배제와 폐쇄도 적법하고 정당한 것으로 탈바꿈한다. 지역과 사투리의 자리에 피부색이나 신분, 성性, 졸업장과 자격증명서를 놓을 수도 있다.

행복의 신정론과 고통의 신정론

신정론은 사회적 위치와 연관된 욕구 내지는 쓸모와 관련하여 크게 두 가지, 즉 행복과 고통의 신정론으로 나뉜다.[5] 전자는 '긍정적 특권층,'[6] 후자는 '부정적 특권층'의 신정론이다. 베버가 양측 모두를 특권층으로 묘사하는 까닭은 각 입장에 따라 전혀 달리 보이는 세계의 모습을 비교하기 위함이다. 긍정적 특권층은 유토피아나 내세 따위에 관심이 없다. 그들은 이미 행복하며, 그들의 특권은 현재적이기 때문이다. 부정적 특권층의 생각과 세계는 정반대다. 그것은 현재의 긍정적 특권의 전도된 형식, 즉 미래에는 긍정적일 것이지만 현재에는 부정적인 특권이다. 지금 당장은 당신들이 특권을 누리고 우리가 고통을 받는다. 하지만 고통은 미래

---

5) 막스 베버, 『종교사회학 선집』, 전성우 옮김, 나남, 2008, pp. 39~84, 131~50, 265~68.
6) 같은 책, p. 67.

나 내세에 다가올 특권을 예비하는 것이다. 자격인 것이다.

부정적 특권층의 신정론은 고통의 신정론이다. 고통에 대한 설명이 필요하기 때문이다. 왜 "우리의 업적과 우리의 현실적 처지는 일치하지 않는"지에 대해 "합리적으로 만족할 만한 답을" 필요로 한다.[7] "현세 내에서 불평등하게 분배된 개개인의 행복에 대한 공정한 보상"[8]을 요구한다. "고통과 불의에 대한 보상책으로 [……] 미래의 더 나은 삶에 대한 희망"[9]이 제시되어야 한다. 정의가 구현될 것이라는 희망을 주어야 한다. 희망은 곧 구원이다. 모든 사람들이 구원을 바라는 것은 아니다. 왜냐하면 "모든 구원욕구는 하나의 '곤궁'의 표현이며, 따라서 사회적 또는 경제적 압박 상태는 구원욕구 발생의—유일한 원천인 것은 결코 아니지만—매우 효과적인 원천"[10]이기 때문이다. 구원의 약속은 고통의 신정론에만 존재한다. 고통이 구원을 요구하듯, 보상도 요구한다. 보상은 복수도 내포한다. 나처럼 독실하고 착한 사람에게 고통과 불행이 닥친 이유는 신의 뜻이다. 그러나 분명히 현세나 내세에 "보상"받을 것이다. 신을

---

7) 같은 책, p. 143.
8) 같은 책, p. 265.
9) 같은 책, pp. 142~43.
10) 같은 책, p. 67.

믿지도 않고 악한 일을 자행하는 자들이 이 땅의 온갖 재화와 행복과 평안함을 누리는 것은 가당치 않다. "복수"가 이뤄질 것이다.[11] 언젠가는 모든 것을 잃을 것이며, 내가 겪은 고통과 불행보다 더한 것을 경험할 것이다. 그래서 고통의 신정론은 소외된 자들의 "사회혁명적 종교윤리"[12]다.

부정적 특권층은 업적과 처지의 불일치로 고통을 겪지만, 긍정적 특권층은 그것으로 행복을 누린다.[13] 행복의 신정론은 구원과 거리가 멀다. 안락한 현실, 행복한 현실에서 구원욕구가 생길 리 없기 때문이다. 대신에 다른 것을 원한다. "사회적 그리고 경제적으로 긍정적 특권을 가진 계층이, 만약 다른 조건들이 같다면, 스스로 구원욕구를 느끼는 경우는 드물다. 오히려 이들은 종교에 무엇보다도 자신들의 생활양식과 삶의 상황을 '정당화'시켜주는 역할을 요구한다.[14] 그들은 자신이 행복하다는 "사실 그 자체로 만족하"지 못하기 때문이다. 그 이상을 바란다. "권리"와 "자격"과 "정당화"와 "확신"을 바란다.[15]

---

11) 같은 책, p. 77~78.
12) 같은 책, p. 79.
13) 이런 상황에서 르상티망이 분출된다. 이에 대해서는 뒤에서 자세히 설명하겠다.
14) 같은 책, pp. 67~68.
15) 같은 책, p. 134.

그는 복을 덜 받은 자가 자신과 같은 복을 소유하지 못하는 것은 원래 이 사람에게 배당된 복이 그것밖에 없기 때문이라고 믿고 싶어 하는 것이다. 복은 '정당하고자' 한다. 우리가 '복'이라는 일반적 표현을 영예, 권력, 소유 및 향락에 관련된 모든 재화로 이해한다면, 위의 명제는 모든 지배하는 자들, 부유한 자들, 승리한 자들, 건강한 자들, 한마디로 행복한 자들의 외적 그리고 내적 이해관계에 대해 종교가 수행한 정당화의 역할을 집약하는 가장 일반적 공식이 될 것이다. 이 역할을 우리는 행복의 신정론으로 공식화할 수 있다.[16]

　행복할 권리, 그 권리를 누릴 자격, 그리고 그것에 대한 정당화, 바로 이것이 행복의 신정론이 제공하는 정치적 쓸모다. 거칠고 불결하고 건강에 좋지 못한 음식을 먹는 그들과 세련되고 깨끗하며 건강한 음식을 먹는 나, 좁고 냄새나고 더러운 곳에 사는 그들과 넓고 향기롭고 깨끗한 곳에 사는 나, 흔하고 촌스럽고 값싼 차를 타는 그들과 희귀하고 세련되고 비싼 차를 타는 나. 두려움은 두 곳에서 스멀스멀 기어 나온다. 나도 저렇게 되면 어떡하지? 그리고 내가 이

---

16) 같은 곳.

래도 되나?—단언컨대 요즘엔 매우 드문 의문이라 생각한다. 죄의식과 추락의 공포 때문에 긍정적 특권층은 두려움에 떤다. 두려움을 해소하기 위해서 확신이 필요하다. 내가 그럴 자격이 있다는 확신, 내 행복이 정당하다는 확신. 이것은 그들이 그럴 자격이 없다는 확신, 그들의 불행이 정당하다는 확신이기도 하다.

이렇게 긍정적 특권층은 현존하는 것의 정당화를 필요로 하지만 부정적 특권층의 사정은 사뭇 다르다.

사회적으로 억압받거나 또는 신분상으로 부정적 (아니면 적어도 긍정적이지 못한) 평가를 받는 계층은 자신의 자존심을 자신에게 맡겨진 하나의 특별한 '사명'에 대한 믿음에서 도출하기 십상이다. 그래서 이 계층에게 자신의 가치를 보장하거나 또는 이 가치를 구성하는 것은 〔자신의 존재 그 자체가 아니라〕 자신이 〔윤리적으로〕 '마땅히 해야 할 바, 즉 '당위' 또는 자신의 직무상의 '성취' 그 자체이다. 이로 인해 이 계층 구성원들의 존재가치는 인간을 초월한 어떤 것, 즉 신이 그들에게 부여한 '임무'에 기반하게 된다.[17]

---

17) 같은 책, p 145. 〔 〕는 번역자.

부정적 특권층의 출발점이 현존하는 것, 즉 현실일 수는 없다. 그들에게 현실은 단지 고통일 뿐이기 때문이다. 그들에게 필요한 것은 현존하지 않은 미래—따라서 기대되는—에 대한 확신, 그로 인해 얻게 되는 위로와 위안이다. 자존심의 뿌리는 현재가 아니라 미래에 있기에, 그것을 실현해야 할 사명과 임무가 자신들에게 있다고 생각한다. 변화는 필연이다.

행복과 고통의 신정론의 차이는 명백하다. 긍정적 특권층의 행복의 신정론은 현 상태를 정당화한다. 이에 반해 부정적 특권층의 고통의 신정론은 구원, 즉 현 상태의 변화를 기원한다. 고통의 신정론은 혁명적 함의를, 행복의 신정론은 보수적인 함의를 지닌다. 두 신정론의 또 하나의 결정적 차이는 그것의 파급력이다. 고통의 신정론의 파급력은 특정 사회적 위치, 즉 고통을 겪는 사람들의 범위에 제한된다. 행복의 신정론은 다르다. '지배 이데올로기'의 위상을 차지하기 때문이다. 그것은 두 특권층 모두에게 상식으로, 당연한 것으로 수용될 가능성이 높다. 노르베르트 엘리아스와 존 스콧슨이 인용한 일본 부라쿠민部落民(불가촉천민)의 인터뷰 내용이 이를 잘 보여준다. 스스로를 보통 일본인과 같다고 느끼느냐는 질문에 "우리는 동물을 죽입니다. 우리는 더럽습니다. 많은 사람들은 우리가 인간이 아니라고 믿습니다"라고 답한다. 스스로를 사람이라고 생각하느냐는 질문에 오래 침묵하다가 이렇게 말한다. "나도 모르겠소…… 우리는 나쁘고 우리는 더럽소."[18] 요컨대 행복의 신정론은 지배 이데올로기로서 사회적 위치의 제약을 뛰어넘어 사회 전체로— 물론 언제나 그렇지는 않지만— 확산될 가능성이 높다.

통치의 음모론과 저항의 음모론

신정론을 부정적 특권층과 긍정적 특권층의 것으로 나누었듯이 음모론 역시 두 종류의 음모론으로 나눌 수 있다. 이를 통치의 음모론과 저항의 음모론이라 하자. 이는 앞서 말한 '정통'과 '이단' 음모론에 상응한다. 정통 음모론과 이단 음모론의 구분은, 다시 반복하지만 진리값이나 사실성보다 긍정적 특권층과 부정적 특권층, 엘리아스와 스콧슨의 표현을 빌려 말하면 "기득권자와 아웃사이더"[19]의 '해석과 인정 투쟁'의 결과물이다. 기득권자의 세상을 보는 방식은 정당하고 적법한 것으로 인정된다. 따라서 그들이 내세우는 음

---

18) 노르베르트 엘리아스·존 스콧슨, 『기득권자와 아웃사이더』, 박미애 옮김, 한길사, 2005, pp. 32~33.
19) 같은 책.

모론은 정통이다. 하지만 아웃사이더들의 세상을 해석하는 방식은 쉽게 인정받지 못한다. 따라서 이단적이다. 기득권자의 세상을 보는 관점과 정치 전략을 반영하는 정통 음모론은 기존 질서의 재생산과 유지에 해가 되는 것을 '음모'로 낙인찍는다. 이에 반해 이단 음모론은 기존 질서에 불만이 많다. 그것이 조준하는 '음모집단'은 현재의 세상, 고통스럽고 부정의한 세상에 책임이 있는 기득권자다.

음모론의 두 가지 정치적 쓸모가 주목받은 것은 비교적 최근의 일이다. 오랫동안 한쪽의 정치적 쓸모, 즉 현상 유지, 지배, 통치의 기능만 주목받았다. "조작과 정당화"의 정치 전략으로 음모론을 사용한 것은 파시즘과 전체주의가 등장한 이래 많이 연구된 사안이다.[20] 이를 현상 유지, 지배, 통치의 음모론이라 할 수 있다. 앞서 인용했던 칼-하인츠 힐만의 음모론 정의('권위적 주장')는 통치의 음모론에 안성맞춤이다. 기득권자 집단이 자신의 정당성이 도전받는 어려운 시기에 고안해낸 주장인 통치의 음모론은 현재 나타나는 위기의 원인을 '사회 전체를 위협하는 비밀스런 집단의 전복적이며 파괴적인 행동으로 설명'한다. 자신의 책임을 음

---

20) Armin Pfahl-Traughber, "'Bausteine' zu einer Theorie über 'Versch-wörungstheorien.' Definitionen, Erscheinungsformen, Funktionen und Ursachen," Helmut Reinalter(ed.), *Verschwörungstheorien. Theorie-Geschichte-Wirkung*, Innsbruck: Studien Verlag, 2002, p. 38.

모집단에 전가하여 통치를 수월하게 만드는 것, 이것이 통치 음모론의 요체다. 그것은 비판과 저항에 대한 기득권자의 '면역력'을 높인다. 자신의 무능과 실패에서 비롯한 책임을 음모집단에게 전가함으로써 자신에 대한 비판을 무력하게 만들 수 있기 때문이다. 『프라하의 묘지』에서 러시아 정보기관의 대외첩보부 책임자 라치코프스키는 이렇게 말한다.

내가 원하는 것은 유대인들을 말살하는 게 아닙니다. 이런 말이 과하게 들릴지 모르지만, 유대인들은 나의 가장 훌륭한 동맹군입니다. 나는 러시아 민중의 정신적 안정에 관심이 있고, 그들의 불만이 차르 쪽으로 향하는 것을 원치 않아요. [……] 따라서 러시아 민중에게는 적이 필요합니다. [……] 쉽게 알아볼 수 있고 그래서 더 무시무시한 적이 필요합니다. 그런 적은 러시아 민중들 속에 또는 그들의 집 문턱에 있어야 합니다. 그게 바로 유대인들이죠.[21]

차르를 겨냥하는 민중의 불만을 유대인에게 돌리는 것, 위기와 문제의 책임을 희생양에게 전가하는 것, 바로 이것이 통치의 음모론의 정치 전략이다. 유대인은 아주 오래전

---

21) 움베르트 에코, 『프라하의 묘지 2』, 이세욱 옮김, 열린책들, 2013, p. 599.

부터 희생양, 즉 "사회문제가 발생한 상황에서 불공정한 방식으로 비난을 받아온 사람들"[22)]의 역할을 매우 훌륭하게 수행했다. 그렇기에 라치코프스키는 그들을 "가장 훌륭한 동맹군"이라고 치하한다.[23)] 아도르노가 말한 바처럼 그들이 각광받은 이유는 두 가지다.[24)]

첫째, 통치 비용 때문이다. 만약 희생양이 힘이 세면 전가되는 책임을 순순히 받아들이지 않을 것이다. 저항할 것이다. 저항할 수 없는 약한 자들을 골라야 한다. 둘째, 역사적 전통과 고정관념이나 선입견, 그리고 다른 사람과 구별되는 뚜렷한 특성이 있어야 다수의 동의를 쉽게 끌어낼 수 있기 때문이다. 사회적으로 널리 통용되는 선입견과 고정관념과 편견에 부합하는 소수자들이 적격이다. "뭔가 낯선 구색을 갖춘 인물, 즉 이방인은 불확실성과 위협, 궁극적으로는 악을 연상시키는 상징적 유인물로 기능한다."[25)] 서구 역사에서 아프리카인과 빨갱이나 아랍인이 그 자리를 함께할 때까

---

22) 마이클 웰치, 『9·11의 희생양: 테러와의 전쟁에서 증오범죄와 국가범죄』, 박진우 옮김, 갈무리, 2011, p. 75.

23) 현재 한국의 라치코프스키들도 이렇게 말할 것이다. 이석기와 통합진보당은 우리의 '가장 훌륭한 동맹군입니다.'

24) Theodor W. Adorno, *Studien zum autoritären Charakter*, Frankfurt am Main: Suhrkamp, 1995, p. 108.

25) 같은 책, p. 77.

지 유대인보다 위의 두 조건을 충족하는 집단은 없었다.[26]

'조작과 정당화 수단'으로서의 통치 음모론의 정치 전략을 정리하면, 첫째 문제가 되는 사건이나 사태의 책임을 전가하려는 목적으로 '적敵의 상像'을 조작하거나, 둘째 지배나 억압 혹은 파괴의 조치를 정당한 것으로 만들고자 하는 목적으로 쓰이며, 셋째 위의 두 가지를 통해서 '우리 이미지'와 일체감을 만들어 내부의 불만을 약화시킨다.[27]

하지만 신정론과 마찬가지로 음모론이 언제나 지배의 욕구를 반영하여 현상 유지를 정당화하지는 않는다. 의사결정과 재화 분배에서 소외되고 무기력하고 두려움에 떨며 고통받는 민중의 '구원'욕구를 음모론이 반영하기도 한다. 왜냐하면, 공공 영역은 더 이상 사회적 부정의와 배제와 착취와 폭력으로 생긴 괴로움과 고통에 대해 그 어떤 의미도 제공해주지 않기 때문이다.[28] 공공 영역에서 찾을 수 있는 유일

---

26) 현재 우리의 최고 음모집단이자 희생양은 '종북주의자' '빨갱이'다. 빨갱이의 형성construction 또는 탄생 과정을 역사적으로 고찰한 김득중의 작업은 흥미롭고 유용하다(김득중, 『'빨갱이'의 탄생: 여순사건과 반공 국가의 형성』, 선인, 2009).

27) "음모론은 전통적으로 사악한 '그들'에 의해 위협받는 '우리'의 일체감을 강화하거나 흔히 희생자를 속죄양으로 만드는 것을 정당화한다." Peter Knight(ed.), *Conspiracy Theories in American History*, Vol. 1-2, Santa Barbara et al.: ABC Clio, 2003, p. 3.

28) David Morgan, "Pain: The Unrelieved Condition of Modernity," *European Journal of Social Theory* 5(3), 2002, p. 320.

한 답은 "너희들은 게으르고도 게으르도다," 곧 모두 네 탓이야,라는 고함뿐이다. 공적 권력과 사적(경제적) 권력은 더욱 집중되고 축적된다. 하지만 일반 시민들은 더욱 무력해진다. 공적 영역은 아웃사이더인 '우리'의 고통에 답하지 않고 부정의에 침묵한다. 공적 영역의 주연배우라고 생각하는 정치인들이 문제해결자로 나서지만 오히려 문제를 촉발한다. 비전은커녕 설명도, 이해시키려고도 하지 않는다.

이런 상황에서 저항의 음모론은 무기력하게 고통받는 사람들에게 힘이 된다. 힘을 준다고 상상하게 만든다. 고통의 원인을 간명하게 설명한다. 나쁜 놈들이 누구인지를 지목하여 분노를 해소할 수 있는 대상을 제공한다. 도덕적 우월감을 부추기고, 사악한 것들을 제거해야 할 당위성도 준다. 이것들은 앞서 살핀 음모론의 문화적 쓸모들이다. 말하자면, 저항의 음모론은 고통을 설명하고 간극을 좁혀주는 음모론의 문화적 쓸모, 즉 인지적, 감정적, 도덕적 쓸모에 기초하여 현재 상황에 대한 새로운 해석을 제공하는 프레임이다. 저항의 음모론은 독특한 "종류의 대항담론으로서, 특정 사건에 대한 정통의 또는 지배적인 설명에 도전하는 담론"[29]으로 일반적으로 인정되는, 공식 설명에 반대되는 사

---

29) Garry C. Gray, "The Responsibilization Strategy of Health and Safety. Neo-liberalism and The Reconfiguration of Individual Responsibility for

건에 대한 해석이다.

통치에 저항하는 저항의 음모론은 일종의 "수사적 방어"[30]의 역할을 한다. 가령 에이즈의 원인이 밝혀지지 않아 사회 전체가 공황 상태에 빠졌을 때 게이와 아프리카계 서구인들은 질병의 유포자로 지목되어 배척받았다. 그들은 음모론을 통해 대항했다. 수사적으로 자신을 방어했다. 여러 버전이 있지만 에이즈 음모론의 중심 얼개는 다음과 같다. '에이즈의 원인 HIV는 인간이 만들어낸 바이러스다. 그것은 우연히 만들어진 것일 수도 있고, 특별한 목적(게이나 특정 인종의 '청소')으로 발명된 것일 수도 있다.' 요지는 이렇다. 우리는 그 원인이 아니라고. 오히려 우리를 없애기 위해서 '그들이' 벌인 일이야.

에이즈 음모론이 설득력을 지닐 수 있었던 까닭을 역사에서 찾을 수 있다. 과거 독일과 일본이 행한 생체실험, 그리고 최근(1972년)까지도 미국에서 자국민(!)을 대상으로 한 생체실험이 있었다. 미국 앨라바마의 터스키즈 대학 연구소는 정부의 위탁으로 1932년부터 탐사기자의 폭로가 있기까지 40년 동안 매독 연구를 실시했다. 연구소는 아프리카계

Risk," *British Journal of Criminology* 49(3), 2009, p. 29.

30) 헬렌 조페, 『위험사회와 타자의 논리』, 박종연·박해광 옮김, 한울, 2002, p. 59.

미국인 600명을 대상으로 매독의 진행 과정을 관찰했다. 매독에 걸린 사실을 그들에게 알리지 않았음은 물론이다. 이 경험의 교훈은 이거다. 국가는 더 이상 우리를 지켜주지 않아. 지켜주기는커녕 우리를 없애려 한다고!

에이즈 음모론이 흥미로운 이유는 동일한 현상이 두 정치 전략, 기존 질서의 유지와 저항이라는 상반되는 목적에 모두 사용된다는 것이다. 애초 주류 사회는 주변 집단을 에이즈의 근원으로 몰아세웠다. 그것은 질서를 유지하기 위한 일종의 반사적 행동이었다. 위기의 시기에 "'타자'는 사회가 질서감을 유지하기 위한 노력의 일환으로 거리를 두는 속성을 보유하고 있다."[31] 원인을 알 수 없는 질병으로 사회가 혼란에 빠졌다. 혼란을 다스리기 위해 희생양이 필요하다. 그렇다면 혼란의 근원을 탐탁지 않은 집단에게 돌려 불안한 상황을 안정시키자. 그들이 질병의 원인이 아니어도 상관없다. 원인을 '안다'고 생각함으로써 이제 우리는 안도감을 갖게 된다. 수수방관, 속수무책보다 더 불안한 것은 없다.

질병의 원인으로 지목된 아웃사이더는 나름의 음모론으로 주류 사회의 낙인에 저항한다. '창을 돌려' 오히려 기득

---

31) 같은 책, p. 59.

권자를 겨냥한다. 우리를 청소하려는 너희들의 음모를 우리는 간파했어. 말할 것도 없이 몇몇 음모론이 실제 정치적 음모를 폭로하기에, "그때 우리는 음모론이 비판이론이라고 말할 수 있을지도 모른다."[32] 그러나 존 피스크는 이런 조심스러움이 성에 차지 않는다. 단서를 달고서야 비판이론'일 수' 있는 음모론에 피스크는 "대항 지식"이라는 당당한 시민권을 부여한다. 대항 지식은 "지배적인 지식이 억압하거나 중요하지 않다고 폐기한 사실들, 사건들, 정보의 편린들을 복원한 것"이다.[33]

노예무역, 제도적이며 일상적인 인종차별, 저항의 리더들(가령 마틴 루서 킹)의 탄압과 암살, 터스키즈 매독 연구와 같은 사실들, 정보의 편린들은 아프리카계 미국인 커뮤니티의 '검은 공론장'에서 복원된다. 사소한 것도 허투루 볼 수 없다. 복원된 정보들의 망 속에서 새로운 사실들이 연결되고 해석된다. 에이즈? 이게 우리 선조들의 대륙에서 시작되었다고? 그래서 흑인들이 많이 죽는 것이 당연하고, 그래서 차별이 정당하다고? 말도 안 돼. 더 이상 하릴없이 당할

---

32) Jodi Dean, *Publicity's Secret: How Technoculture Capitalizes on Democracy*, Ithaca, NY: Cornell University Press, 2002, p. 51.

33) John Fiske, *Media Matters: Everyday Culture and Political Change*, Minneapolis: University of Minnesota Press, 1994, p. 191.

수는 없어. 본때를 보여주어야 해. 시작은 '회의주의'다. 주류 사회에서 상식이자 자연적인 것으로 수용되는 것을, 더 정확히 말하면 강요되는 상식과 자연스러움을 의심하기 시작한다. 하향식 권력과 상향식 권력의 "불가피한 모순에 대처하는 방법인 회의주의"[34]는 그렇게 음모론을 만들어낸다. 회의주의는 순진한 믿음을 불신으로 대체한다. 그들의 말을 믿을 수 없다. 우리 눈으로 세상을 보자. 혹시 에이즈도 매독 실험과 같은 것은 아닐까? 인종청소를 위한 생물 무기일 수도 있어. 능동적이고 정치적인 대항 지식(의 생산과 순환)은 지배적 이성에 흠집을 내고 의심하게 만들어 민중들의 집합행동을 끌어내는 포퓰리스트의 무기, "약자의 무기"[35]가 되어 인종주의적 사회에 둘러싸인 그들을 지켜주는 능동적이고 정치적이며 급진적인 수단이 된다. 애니타 M. 워터스는 이렇게 정리한다. 에이즈 음모론은 "도시에 사는 아프리카계 미국인이 자신들을 위협하는 환경적, 사회적 쇠락과 싸우면서 터득한 논리적 결과"다.[36]

---

34) John Fiske, *Power Plays, Power Works*, London&NY: Verso, 1993, p. 199.

35) Mark Fenster, *Conspiracy Theories: Secrecy and Power in American Culture*, 1st edition, Minneapolis&London: University of Minnesota Press, 1999, p. 284.

36) Anita M. Waters, "Conspiracy Theories as Ethnosociologies: Explanation and Intention in African American Political Culture," *Journal of Black Studies* 28(1), 1994, p. 115.

저항의 음모론이 민주주의를 활성화할 것이라는 피스크 식의 주장은 논란을 불러일으켰다. 특히 대항과 저항과 포퓰리즘을 무조건 미화한다는 혐의가 좌파에서 제기되었다. 케네디 암살에 대한 새로운 정보가 주기적으로 유출되는 것과 관련해서 노엄 촘스키가 지적한 바처럼, 음모론은 이상한 것에 우리를 몰두하게 만듦으로써 우리에게 진정 필요한 실제적 탐구와 정치적 행동을 방해할 뿐이다. 음모론은 대중의 해석 장애(4장 참조)를 유발하려는 정치권력의 작품일 수 있다. 피스크의 입장에서 이에 반박한 사례도 있지만, 이에 대해서 더 살피지는 않겠다. 우리의 관심은 다음에 있다. 대립하는 두 주장, 곧 음모론을 통치 도구나 저항의 무기로 보려는 두 입장은 음모론에 단 하나의 쓸모만을 부여한다. 즉, 음모론이라는 것은 통치 도구'이거나' 저항의 무기다. 피스크는 저항의 무기에 한 표, 좌파는 통치 도구에 한 표를 행사하는 것이다. 정말 그럴까? 이 책은 책으로도 쓰이지만, 컵라면 덮개로도 쓰일 수 있다. 지금 내 앞의 모니터는 남들의 시선을 가려주는 엄폐물로 쓰일 수도 있지만,[37] 그들을 보지 않기 위한 가림막으로 쓰이기도 한다. 모든 사회적 사물은 절대 단 하나의 쓸모를 지니지 않

---

37) Jack Z. Bratich, *Conspiracy Panics: Political Rationality and Popular Culture*, Albany: State University of New York press, 2008을 참조하라.

는다. 마치 신정론이 그랬던 것처럼 음모론 역시 두 쓰임새를 동시에 지닌다. 통치와 저항이라는 두 가지 쓰임새는 나름의 이익을 위해 경쟁하는 집단의 전략, 곧 배제와 사회적 폐쇄라는 맥락에서 나오는 것이다. 따라서 음모론을 하나의 정치적 쓸모에 '고정'하는 것은 옳지 않다. 음모론은 통치의 수단'이자' 약자의 무기다!

편집증은 무력한 자의 전유물인가?

사회과학자들의 통념에 따르면, 음모론은 아웃사이더, 무기력한 자들, 고통받는 자들의 전유물이다. 존 미로브스키와 캐서린 E. 로스의 고전적인 연구는 편집증이 열악한 사회적 위치와 연관되어 있음을 경험적으로 밝혔다. "편집증은 사회적 소외의 심오한 형식"인데, 나를 "해치려 음모를 꾸미는 적"이 존재한다는 "신념은 다른 사람들에게서" 고립된 상황에서 생겨난다.[38] 편집증은 특히 사회경제적으로 열악한 위치에 있는 사람에게서 많이 나타난다. 정말 편집증은 아웃사이더의 전유물일까? 정말 그렇다면 문제다. 왜냐

---

38) John Mirowsky·Catherine E. Ross, "Paranoia and The Structure of Powerlessness," *American Sociological Review* 48(2), 1983, p. 236.

하면 앞에서 우리는 음모론이 아웃사이더뿐만 아니라 기득 권자에게도 쓰인다고 주장했기 때문이다. 이는 다음과 같은 뜻이다. 편집증은 기득권자와 아웃사이더 모두에게 나타난 다. 만약 편집증이 아웃사이더의 전유물이라면 앞의 주장을 폐기해야 한다.

소외 또는 사회적 고립은 아주 사소해 보이는 것에서 시 작한다. 귀가 안 들리면 편집증자, 음모론자가 될 수 있다! 임상심리학의 창시자 중 한 사람인 에밀 크레펠린은 정신 병이 신체적 요인에서 비롯한다고 믿었다.[39] 특히 청각 장 애가 정신병을 촉진한다고 생각했다. 그의 추정은 오랫동안 '예언'으로 남아 있었다. 물론 일상 경험에서 어느 정도 확 인할 수 있었다. 특히 양로원에서 청각을 잃어가는 노인들 이 점차 편집증적으로 변하는 것에서 예언의 숨겨진 진리성 을 예감할 수 있었다. 필립 짐바르도와 동료들의 스탠포드 감옥 실험이 답답함을 해결해주었다.[40] 실험 디자인은 단순 했다. 참가자들에게 최면을 걸어 청각을 약화시키고, 그들 이 편집증적 증상을 보이는지를 관찰했다. 그리고 원하는

39) Emil Kraepelin, *Psychiatrie. Ein Lehrbuch für Studirende und Aerzte*, Barth: Leipzig, 1899. 혹은 http://archive.org/stream/psychiatrieeinle02 krae#page/ n0/mode/2upd을 참조하라.

40) Philip G. Zimbardo et al, "Induced Hearing Deficit Generates Experimental Paranoia," *Science* 212, 1981, pp. 1529~531.

결과를 얻었다. 청각과 편집증은 상관관계에 있다. 실험이 아닌 일반 설문조사도 그 결과를 지지한다.[41]

양노원의 노인이나 짐바르도와 동료들의 실험에 참가한 대학생들은 모두 이렇게 생각했다. '갑자기 주위 사람들이 자주 수군대기 시작했다. 내가 알아들을 수 없게 말이지. 나에 대해 험담하는 게 분명해. 나를 빼고 뭔가 하는 거야. 혹시 나를 해치려는 음모를 꾸미는 건가?' 그렇게 박해망상이 형성되자, 청각을 잃어버린 사람들은 과격한 반응을 보이기 시작한다. '당신들, 왜 등 뒤에서 수군대는 거야? 뭔가 꾸미는 거야?' 영문을 알 수 없는 과격한 반응에 주변 사람들은 당혹해하면서, 이제 진짜 수군대게 된다. '괴팍한 노인네, 정말 이상하네.' 실제로 그들을 따돌리게 된다. '얽히기 싫어.' 그렇게 망상은 현실이 된다. 실험의 교훈은 명확하다. 청각 상실은 소통을 불편하게 하거나 못 하게 한다. 소통이 원활하지 않게 되면서 사회적으로 고립된다. 고립된 사람은 편집증적으로 되어간다.

오늘날 사회적 고립은 마치 페스트처럼 퍼져간다. 목소리를 잃고 아무도 주목해주지 않는 사회적 소수자(호모, 레즈비언, 이주민), 실업자나 '한때 자영업자'와 같은 몰락한 자

41) Viviane Thewissen et al, "Hearing Impairment and Psychosis Revisited," *Schizophrenia Research* 76(1), 2005, pp. 99~103.

들, 빈곤한 노인들, 한 부모 가족들, 또는 '청년 잉여'(취업 경험도 없는 자들)의 덩치가 커져가기 때문이다. 그렇게 편집증과 음모론은 사회의 뿌리로부터 퍼져간다. 그런 한에서 음모론이 소외된 자들, 무기력한 자들, 고통받는 자들의 사회인식론이라는 사회과학자들의 통념은 맞다. 하지만 부분적으로만 그렇다. 울리히 벡의 표현을 빌려 말하면, 스모그나 방사능처럼 사회적 고립과 편집증과 음모론은 민주적이기 때문이다. 그것은 사회적 지위, 성性, 인종, 나이를 가리지 않는다.

사회적 고립은 물론 여러 다양한 원인이 있겠지만, 무엇보다도 경쟁 탓이다. 경쟁은 호혜성, 연대, 연민이나 동정을 무력하게 만든다. 한때 경쟁의 단위가 집단이었던 적이 있었지만 오늘날 경쟁의 단위는 철저히 개인이다. 경쟁의 성격도 변했다. '주어지는' 것은 더 이상 없다. 우리는 정의상 실현 가능성은 별개의 문제—모든 것을 선택할 수 있다. 가족, 파트너, 아이, 친구, 재화, 학위, 몸, 국적, 생물학적인 성 정체성, 기분[42]마저도 선택할 수 있다. 선택의 확장은 곧 자유의 확장이다. 규칙이나 법령이 정한 금지는 위축되

---

42) 불법적 약물도 있지만, 합법적 약물(항우울제, 진정제 등)을 통해 우리의 심리 상태를 조절할 수 있다. 처방받기도 약사와의 상담도 귀찮다면 편의점에서 대체(약)물을 구할 수 있다. "날고 싶은" 자들은 레드불을 마시면 된다.

고, 선택의 자유도는 높아진다. 자유의 확장은 곧 "투쟁 영역의 확장"[43)]이다. 누구나 아무것이나 선택할 자유를 지니기에 투쟁을 제어하기 어렵다. 만인의 만인에 대한 투쟁은 이미 예전에 시작되었다. 달라진 것은 투쟁 영역의 확장이다. 모든 사안이 투쟁의 대상이 되었다.

　브뤼노의 생일을 맞이해서 열 살짜리 빅토르가 도화지에 〔……〕 '아빠 사랑해요'라고 써서 준 적도 있었다. 이제 그런 시절은 갔다. 〔……〕 몇 년 더 지나면, 그의 아들은 제 또래의 여자들과 사귀려고 할 것이다. 만일 브뤼노가 그때까지도 젊은 여자들에 대한 욕망을 버리지 않는다면, 그 역시 아들 또래의 여자들을 원하게 될 것이다. 그러면 그들은 남자 대 남자로 경쟁하는 관계가 되어, 한 우리에 갇힌 두 동물처럼 서로 싸우게 되리라.[44)]

동물이라는 말이 불쾌하다면 사냥꾼을 생각할 수 있다. "이제 우리 모두는 사냥꾼이다." "사냥꾼이 추진하는 유일한 일은 자루를 최대한 채워줄 만큼 큰 사냥감을 '죽이는

---

43) 미셸 우엘벡, 『투쟁 영역의 확장』, 용경식 옮김, 열린책들, 2003.
44) 미셸 우엘벡, 『소립자』, 이세욱 옮김, 열린책들, 2003, pp. 160~61.

것'이다."[45] 남획으로 사냥감이 사라져도 문제없다. 또 다른 숲으로 옮겨가면 될 일이다. 다른 이들과의 조화, 터전의 생태적인 균형, 성장 세대의 미래, 이런 따위는 애초부터 관심사가 아니다. 자식과도 짝짓기 경쟁을 할 판에 그런 것들이 뭐가 중요한가. 오로지 남은 일은 모든 투쟁에서 승리하는 것이다.

미로브스키와 로스가 말한 바처럼, 경쟁에서 패배해 생존 자체가 위협받게 되면 사회적으로 고립되고 사회를 불신하게 되면서 편집증적으로 된다. 그러나 경쟁에서 패배한 자들만 그런 것이 아니다. 경쟁에서 승리하여 정점에 선 이들도 마찬가지다. 경쟁에서 최종적으로 승리한다는 것은 자신을 제외한 모든 사람들을 밟고 올라선 것이다. 그런 싸움에서 고립은 당연하다. 패배자와 승리자의 차이는 단지 이거다. 패배자들에게 편집증은 숨겨야 하는 것이지만, 승리한 자들은 편집증마저 자랑스럽다. 예컨대 1998년 인텔의 회장이던 앤드류 그로브는 자신의 모토를 『편집광만이 살아남는다』에서 당당하게 밝힌다. "정신착란증에 걸린 자처럼, 초긴장 상태로 항상 경계하는 자만이 경쟁에 이긴다."[46]

---

45) 지그문트 바우만, 『모두스 비벤디: 유동하는 세계의 지옥과 유토피아』, 한상석 옮김, 후마니타스, 2010, p. 160.
46) 앤드류 그로브, 『편집광만이 살아남는다』, 유영수 옮김, 한국경제신문사,

'리더의 편집증'에 특별히 주목한 이는 조직심리학자 로더릭 K. 크레이머다. 편집증은 조직의 특성에서 비롯할 수 있다. "고도로 경쟁적이거나 잠재적으로 위험한 정치적인 환경에서" 편집증은 중요한 미덕이다.[47] 왜냐하면 자신과 남들의 행동을 지속적으로 살피면서, 남들이 믿을 만한지를 조심스럽게 가늠해야 하기 때문이다. 조직의 정점에 가까워질수록 편집증의 필요성이 더 커진다. 상사는 내가 더 올라가 자신을 위협하지 못하도록 찍어 누른다. 라이벌은 호시탐탐 내 흠결을 찾으려 노력한다. 알랑거리지만 기회를 노리는 부하들을 어찌 신뢰할 수 있을까. 조심하고 의심하고 면밀히 관찰하고 심사숙고해야 한다. 적대적인 환경에서 편집증이 생존의 필수 덕목이라면, 그 환경에서 살아남는 것을 넘어서 그것을 지배하는 권력자에게 편집증이 만연한 것은 당연한 일이다. 게다가 위계적인 조직 문화가 지배적인 곳에서 권력자의 편집증적 성향은 더 강하게 나타날 수 있다. 권력자 주변에 있는 자들은 권력자의 정보를 통제함으로써 자신의 권력 기반을 조성하기 때문이다. 즉, 그들은

1998, p. 19.

47) Roderick M. Kramer·Dana Gavrieli, "The Perception of Conspiracy: Leader Paranoia as Adaptive Cognition," D. M. Messick·R. M. Kramer(eds.), *The Psychology of Leadership*, Lawrence Erlbaum Associates, 2005, p. 249.

권력자의 귀를 먹게 할 수 있다!

최고 권력자 중에 편집증자가 많은 것은 그래서 당연하다. 거기에 갑작스런 통제력 상실이 더해지면 성향은 더욱 강화된다. 앞서도 언급했던 린든 존슨이 이를 잘 보여준다. 존슨은 소박한 배경에서 자라나 정치인으로서의 과정을 차곡차곡—하원, 상원, 상원의 다수당 의장, 부통령—밟았다.[48] 부통령으로서 암살당한 케네디의 뒤를 이어 대통령에 오르고 재선에도 성공한 존슨은 매우 큰 야망, 이른바 "위대한 사회Great Society"를 건설하여 링컨이나 루스벨트와 같은 위대한 대통령의 반열에 오르려는 야망을 품었다. 실제로 존슨은 시민권 향상과 사회 개혁 프로그램에서 큰 공적을 남겼다.

정치적 야망을 실현하기 위해 그는 두 가지 방법을 사용했다. 첫째, "복잡한 사안의 모든 면모를 관찰하고 계산하여 우연의 개입을 허용치 않는 조심스럽고, 신중하며, 탁월한 전략"[49]을 활용했다. 둘째, "부패하고 비합법적인 정치

---

48) Peter Knight(ed.), 같은 책, p. 375.

49) Roderick M. Kramer · Dana Gavrieli, "Power, Uncertainty, and The Amplication of Doubt: An Archival Study of Suspicion inside The Oval Office," R. M. Kramer. et al(eds.), *Trust and Distrust in Organizations*, Russell Sage Foundation, 2004, p. 355.

전략"[50]을 활용했다. 그는 정치 경력을 시작할 때부터 두 방법을 모두 사용했지만, 점차 두번째 방법에 대한 의존도가 높아갔다. 음모에 대한 편집증적 믿음은 그런 선택을 정당화하였다. 발단은 베트남 전쟁이었다. 시민권 향상과 사회 개혁 프로그램을 통해 어렵게 얻은 지지와 인기——그는 전임자에 비해 대중적 인기가 없는 인물이었다——를 베트남과의 전쟁을 수행하면서 모두 잃게 되었다. 전쟁터의 상황도 좋지 않았지만, 미국 내에서의 지지도 잃었다. 그는 "베트남에서 미국의 노력을 무용하게 만드는 거대한 덩치의 음모가 존재한다고 믿었다."[51] 말하자면, 음모론에 대한 그의 신념과 편집증적 성향은 베트남 전쟁의 수행 과정에서 겪은 통제력 상실로 강화된 것이다.

통제력 상실은 편집증적 성향을 강화한다. 휘슨과 갈린스

---

50) Peter Knight(ed.), 같은 책, p. 375. 린든 존슨은 여성 편력에서는 클린턴을, 권력 남용과 악용에서는 닉슨을 앞섰다. 모든 가능한 전략을 통해 하원의원직에 당선되었고, 대통령 시절에도 아내 이름으로 된 방송국을 위해 영향력을 행사했음은 물론이고, 모든 국가 정보기관(FBI, CIA, DIA, NSA, 국세청, 군 정보기관 등)을 동원하여——이는 현재 한국인들에게 매우 친숙한 일이다——정적, 정부관료, 시민운동 활동가, 반전운동가, 유명인, 일반 시민을 감시하고 괴롭혔다. 그래서 적지 않은 사람들은 존슨이 케네디 암살(뿐만 아니라 로버트 케네디나 마틴 루서 킹의 암살에도)에 깊숙이 관여했다고 의심한다. 스스로 음모론자였던 존슨은 많은 음모론의 표적이다.

51) Roderick M. Kramer·Dana Gavrieli, 같은 책, p. 355.

키는 이를 실험적으로 밝혔다.[52] 어떤 일이 마음대로 진행되지 않을 때 사람들은 '유형화된 지각pattern perception'의 도구들, 예컨대 미신이나 마술, 음모론과 같은 정형화된 귀인 이론을 사용하여 문제를 '해결'한다는 것이다. 순간적인 인지적 혼란을 야기하는 이례적인 사건들, 그래서 사안에 대해서 통제력을 잃었다는 점을 실감하게 하는 사건들은 기존의 인지적 패러다임에 도전한다. 이에 대응하는 방식은 두 가지다. 패러다임을 수정하거나, 유형화된 지각으로 이를 해결(묵살)하는 것이다. 존슨은 베트남 전쟁에 대한 자신의 패러다임을 수정하지 않았다. 대신에 베트남 전쟁을 방해하는 거대한 음모 세력의 존재를 믿음으로써 자신의 통제력 상실을 다스렸다.

지금까지 논의한 바의 교훈은 두 가지다. 첫째, 권력자는 무력한 자들과 마찬가지로 편집증에 빠질 경향이 농후하다. 사회적 고립은 무력한 자의 전유물이 아니다. 경쟁에서의 승리는 패자와 마찬가지로 승자에게도 사회적 고립을 가져온다. 특히 위계적 조직 문화가 지배적인 곳에서 리더는 '귀머거리'가 될 확률이 높다. 둘째, 고도로 경쟁적이거나 정치적인 조직의 리더들이 통제력 상실을 겪게 되면 음모론에

---

52) Jennifer A. Whitson · Adam D. Galinski, "Lacking Control Increases Illusory Pattern Perception," *Science* 322, 2008, pp. 115~117.

대한 신념이 강해진다. 힘이 있으므로 음모집단을 파괴하려
는 온갖 가능한 적법 또는 불법 조치들을 취한다.[53]

통치 음모론과 저항 음모론의 차이

약자의 무기로 쓰이는 음모론은 분명 민주주의를 진작할 수
있다. 그러나 이를 낙관적으로만 볼 수는 없다. 음모론은
약자의 무기일 수도 있지만 억압의 "망치"[54]로도 쓰일 수
있기 때문이다. 가령 미국이나 서구의 인종주의자들은 음모
론을 통해서 사회적 약자들을 공격한다. 음모론은 "민주주

---

53) 안타깝게도 우리네 경험에서도 비슷한 예를 찾을 수 있거나 진행 중이다.
2008년 당시 집권 세력은 자신 있게 국정에 임했다. 전 정부에 대한 실망과
불신에서 비롯한 상대적으로 높은 지지가 그 자신감의 근거였다. 하지만 먹
거리와 같은 '지극히 사소한' 사안에 대해 시민들이, 그들의 입장에서는 도
저히 이해할 수 없는 '과민'하고 '과격'한 반응을 보이자 통제력 상실을 경
험하면서 인지적 혼란에 빠졌다. 그들은 존슨의 길을 따랐다. 국정 운영의
패러다임을 바꾸기보다 음모론을 통해 사태를 '해결'하고자 했다. 이에 대
해서 다음을 참조하라. 전상진, 「한국 정치의 '편집증적 스타일?' 한국 정치
커뮤니케이션과 음모론」, 『경제와사회』 제85호, 비판사회학회, 2010.

54) 망치라는 표현은, 하인리히 크라머가 1486년 쓰고 교황청의 인준을 받은
『마녀의 해머Malleus Maleficarum』('마녀의 망치'라고 해석하기도 한다)라는
책의 제목에서 가져온 것이다. 이 책은 "마녀를 색출하는 방법과 소추 방법
그리고 재판과 고문, 유죄 판정, 선고 방법"을 소개하는 지침서로 대대적인
마녀사냥의 한 동력이 되었다(이택광, 『마녀 프레임: 마녀는 어떻게 만들어지
는가』, 자음과모음, 2013. p. 46).

의적 혹은 해방적 정치의 진전에 쓰일 수 있는 것처럼 억압을 강화하는 데도 쓰일 수 있다."[55] 음모론은 그 목적이 통치냐 저항이냐에 따라 다른 모습을 지닌다. 웩슬러와 헤이버스는 이를 음모 '이론'과 음모 '설명'으로 구분한다.[56] 나는 그것이 정통과 이단 음모론, 통치와 저항의 음모론에 상응한다고 생각한다. 그들은 양자의 차이를 세 가지로 정리한다. 첫째, 권력 엘리트가 구사하는 '이론'에서는 상대적으로 힘없는 집단 또는 저항하는 집단이, 힘없는 자들의 '설명'에서는 반대로 권력 엘리트가 문제의 원인이 된다. 둘째, 전문가들의 견해와 역할이다. '이론'에서 전문가는 중요한 역할을 수행한다. 전문가들은 사태에 대한 '객관적'이며 '신뢰'할 수 있는 '공식적 견해'를 인증할 수 있기 때문이다. 이에 반해 '설명'은 전문가들의 견해와 역할을 상대화한다. 전문가들이 권력 엘리트의 꼭두각시일 수 있기 때문이다. 셋째, 음모론의 공신력 차이다. '이론'은 아주 쉽게 객관적이며 신뢰할 수 있는 것이 된다. '설명'은 그것의 지지자마저도 단지 "추정"일 뿐인, 따라서 더욱 탐사, 조사, 토론되어야 하는 기회로 간주한다. 마지막 사안은 중요하기에 좀

---

55) Mark Fenster, 같은 책, p. 287.
56) Mark N. Wexler · Grant Havers, "Conspiracy: A Dramaturgical Explanation," *International Journal of Group Tensions* 31(3), 2002, p. 261.

더 살피자.

우리는 음모론을 정통 음모론과 이단 음모론으로 구분했다. 이것은 통치와 저항의 음모론에 상응한다. 이 구분은 사회적 인정과 그것을 획득할 수 있는 권력과 연결된다. 기득권자는 자신의 음모론을 쉽게 인정받게 할 역량이 있다. 말하자면, 이들은 터무니없는 음모론도 사실로 탈바꿈시킬 역량이 있다. 예를 들어 2002년 조지 부시 대통령의 한 '선임 정책고문'은 어느 기자에게 다음과 같이 말했다. 세상에는 두 부류의 사람들이 있다. "식별할 수 있는 현실을 신중히 연구하면 해결 방법이 나온다고 믿는" 사람들로, 세상의 작동 방식이 변했음을 모르는 자들이다. 또 다른 부류는 "역사의 주역들"이다.[57] 이들은 역사가 흐르는 것을 관망하지 않는다. "우리가 이제 제국"이고 역사의 주역이므로 원하는 현실을 우리가 창조한다. "당신 모두는 우리가 하는 일을 그저 연구하는 처지가 될 것이다."[58]

직책이 아무리 높더라도—또는 바로 그러한 이유로—과

---

57) 이 말을 한 사람이 칼 로브라는 추측이 있다(Matthew T. Witt·Alexander Kouzmin, "Sense Making under 'Holographic' Conditions. Framing SCAD Research," *American Behavioral Scientist* 53(6), 2010, p. 792의 주석 1을 참조하라. 칼 로브는 뒤에서 다시 등장한다.

58) 콜린 레이스, 「냉소적인 국가」, 테리 이글턴 외 지음, 『진실 말하기: 권력은 국민을 어떻게 속여 왔는가?』, 신기섭 옮김, 갈무리, 2006, p. 46.

대망상가는 있게 마련이다. 그러나 그의 말을 아무리 새겨 듣더라도 이렇게 해석된다. 그들은 쉽게 현실과 진리를 창조하지는 못할 것이다. 그러나 최소한 거짓 음모론을 사실로, 또는 사실을 거짓 음모론으로 만들 수는 있을 것이다. 음모 '이론'의 힘은 셀 수밖에 없다. 반대로 권력이 없는 사람들은 의심을 검증, 확정, 인정받을 역량이 상대적으로 없거나 적다. 따라서 이들은 단지 추정하고 설명할 수 있을 뿐이다. 음모 '설명'의 한계—이자 강점—이다. 효과에서도 양 음모론은 다르다. 추정이나 설명에 불과한 저항의 음모론은 특정인, 즉 설명이 지목하는 원인 제공자를 "위험하게" 만들지 않는다. 그들이 착하기 때문은 아니다. 원인 제공자로 지목된 자들이 "권력의 행사자"이기 때문이다.[59] 그리고 그것은 추정이기에 앞으로 계속적인 탐사와 조사와 토론을 요청하기 때문이다. 이에 반해 통치의 음모론은 세 가지 이유로 원인 제공자를 위험하게 만든다. 첫째, 더 이상의 탐사와 조사가 필요치 않은 확정 판단이기 때문이다. 둘째, 희생양 집단은 힘이 없기에 속절없이 당할 수 있기 때문이다. 셋째 추궁하는 집단은 폭력을 행사할 수 있기 때문이다.

---

59) Mark N. Wexler·Grant Havers, 같은 글, p. 261.

저항과 통치의 음모론이 책임을 묻는 대상자를 법률적 용어로 구분하면, 전자는 혐의자, 후자는 유죄 판결이 확정된 범죄자다. 전자는 후자보다 '느슨'하다. 저항 음모론의 느슨한 특성은 펜스터가 지적한 "놀이play"와 "흥밋거리"로서의 음모론의 속성에서 확연히 드러난다. 놀이나 흥미 있는 이야기로서의 음모론은 현재적 정치질서의 진실성에 의문을 제기한다. 모든 생활을 통제하는 기득권자의 모습──그것이 실제이든 상상의 산물이든 상관없다──을 고발하여 "권력과 자원의 민주적이고 평등한 분배"에 대한 관심을 촉발시킨다.[60] 저항하고 '싶은,' 그러나 위험하기에 섣불리 그럴 수는 없는 사람들의 모습, 그것은 고통의 음모론을 놀이와 흥밋거리로 소비하는 아웃사이더의 모습이다.

바로 이런 이유로 저항의 음모론은 "보편적인 권력이론"이 될 수 없다.[61] 그것은 기껏해야, "역사와 현재 정치에 대한 해석에서 능동적이고, 정치와 경제적 권력의 지배적인 역사 설명에 대항하는 내러티브를 만드는 한에서만 저항적이며, 재미있는 것을 만들고〔문화적 실천의〕집합적 행동에 참여를 독려할 뿐이다." 그런 의미에서 음모론은 권력을 방해하는 이론, 곧 "권력의 불능화 이론disabling theory of

---

60) Mark Fenster, 같은 책, p. 182.
61) 같은 책, p. 289.

power"이다.[62] 그것은 "다른 집단과의 동맹을 건설하고 구축하기 위해 노력하는 전통적인 운동의 정치 대신에 음모와 관련된 정보를 수집하고 해석"하여[63] 공식적 설명의 불일치와 변칙을 발견하고, 숨겨진 의도를 추측하고, 이런 작업의 결과로 드러난 '그들'의 사악한 면모를 패러디하고, 조롱하고, 웃음거리로 만드는 재미에 집착할 뿐이다. 그것은 분명 권력을 이해하고 그것에 도전하도록 만들지만, "심연에 휩싸인 정치 현실을 냉소적으로 포기"하게 만들 확률도 높다. 현실의 냉소적 포기는 종국에는 지배적인 정치질서를 다시 추인할 뿐이다. 그것은 "포퓰리스트적인 즐거움"을 제공하지만, "정치적 행동주의와 희망을 전능한 음모집단에 대한 공포로 대체"할 뿐이다.[64]

	행복의 신정론	통치의 음모론	고통의 신정론	저항의 음모론
목적	현 상태의 정당화		구원	
효과	현 상태 혹은 지배질서의 유지 (불평등과 부정의의 지속)		복수와 보상 혹은 변화와 혁신 (불평등의 감소, 정의 구현)	
			음모놀이의 포퓰리스트적인 즐거움	
	현상 유지의 이데올로기		현실 변화의 이데올로기	

62) 같은 책, p. 286.
63) 같은 책, p. xv.
64) 같은 책, p. 182.

음모집단 혹은 적의 형상	체제 전복 및 현실 불만 세력 (자격도 권리도 없는 자)	체제 수호 세력 (모든 것을 지닌 자)

〈표 3〉 신정론과 음모론의 정치적 쓸모

〈표 3〉은 지금껏 논의한 바를 정리한 것이다. 행복의 신정론과 통치의 음모론의 정치적 쓸모는 동일하다. 그것의 목적은 행복, 즉 현 상태의 정당화다. 그 효과는 지배질서의 유지다. 요컨대, 행복의 신정론과 통치의 음모론은 현상 유지의 이데올로기로 쓰일 수 있다. 도전 세력은 정당성이 결여된, 말하자면 자격도 권리도 없는 세력이다. 고통의 신정론과 저항의 음모론의 목적은 구원이다. 구원을 약속하는 이것들은 종교적으로는 복수와 보상의 약속이며, 세속적으로는 변화와 혁신을 통해 곤궁과 고통의 원인이랄 수 있는 불평등을 없애고 정의를 세우는 것이다. 정치적 이데올로기의 측면에서 양자는 두 효과를 만들 수 있다. 사회혁명적 종교윤리에 준하는 현실 변화의 동인이 될 수도 있고, 종교적 위안이나 음모놀이의 즐거움을 포함한 비판적 문제제기를 제공하는 것일 수도 있다. 이들이 상정하는 적의 모습은 모든 것을 지닌 자, 즉 체제 수호 세력이 될 것이다.

6장

기득권자를 위한 아웃사이더의 반란

통치를 위한 저항 음모론의 활용

신정론에 기대어 음모론을 살핀 결과를 요약하면 이렇다. 기대와 현실의 간극은 고통과 부정의와 불평등의 원천인데, 신정론은 간극을 채우는 문화적 노력이다. 간극을 채우는 문화적 노력이라는 점에서 신정론과 음모론은 같다. 간극에서 오는 고통과 곤경은 사회적 위치에 따라 다르기 때문에 사회집단은 나름의 신정론과 음모론을 선호한다. 서로 경쟁하는 사회집단들은 경쟁에서 이점을 취하기 위해 정치적으로 신정론 또는 음모론을 활용한다. 서로 경쟁하는 집단은 자신들에게 유리한 방향으로 판을 짜기 위해 노력하기 때문이다. 그 결과가 통치 음모론(정통 음모론)과 저항 음모론(이단 음모론)의 구분이다. 그러나 이 구분은 다음과 같은 현실적 경험 앞에서 무력해진다.

미국인들은 지난 수십 년 동안 대중을 선동해서 공격의 대상이 되는 사람들에게 오히려 이익만 주는 반란을 경험했다. 〔……〕 오늘날도 엄청나게 많은 성난 노동자들이 오만한 자들을 심판하기 위해 거리에서 행진하고 있다. 그들은 특권층의 후손들을 향해 주먹을 휘두르고 있다. 〔……〕 그들은 백만장자들이 떠는 동안 자신들의 끔찍한 요구 사항을 부르짖는다. 하지만 그들이 외치는 구호는 결국 '우리는 당신들의 세금을 깎아주기 위해 여기에 있다'라는 말이다.[1]

기득권자를 겨냥한 민초들의 반란이 오히려 그들에게 보탬이 되는 이런 현상—그것이 미국만의 일일까?—은 2008년 글로벌 금융위기 후에도 여전하다. 당시 미국뿐 아니라 전 세계 언론은 미국의 보수 동맹, 곧 기독교 우파, 보수주의자, 신자유주의의 동맹이 철저히 실패했으며, 권력을 잃을 것이라고 점쳤다. 그러나 그들은 다시 "승자"가 되었

---

1) 토마스 프랭크, 『왜 가난한 사람들은 부자를 위해 투표하는가』, 김병순 옮김, 갈라파고스, 2012, p. 142.

다.[2] 서민the people들은 반란을 일으켜 특권층을 계속 돕는 중이다. 토마스 프랭크는 묻는다. 어떻게 이런 일이 가능할까?

위안이 되진 않지만, 이런 일들은 과거에도 또 다른 국가에서도 있었던 일이다. 영국의 사회학자 스튜어트 홀은 대처주의를 "권위주의적 포퓰리즘"이라고 부른다. 그것의 성공 비밀은 이랬다. 기득권자들은 "대중적 불만을 지지 확보를 위한 동력으로 삼아, 대항 세력들의 힘을 약화, 분절시켰으며, 대중적 여론의 몇 가지 전략적 요소들을 자신들의 헤게모니 기획에 삽입하였다." 우파 기득권자는 자신들이 "서민"의 편임을 설득하고, 체제에 대한 서민의 불만과 분노와 공포를 자신들의 적들에게 향하게 하여 우파 기득권자와 서민들이 함께 우파 기득권자의 적들을—여기에 서민 모두는 아닐지라도 그 일부가 포함되는데—공격함으로써 자신의 지배를 강화했다는 것이다.[3] 기득권자와 서민들의 공통의 적은 이민자, 범죄자, 관료, 문화적 엘리트들이다.[4]

---

2) 토마스 프랭크, 『실패한 우파가 어떻게 승자가 되었나』, 함규진·임도영 옮김, 갈라파고스, 2013.

3) Stuart Hall, "Authoritarian Populism: A Reply to Jessop et al.," *New Left Review* 151(May‒June), 1985. p. 118.

4) 로널드 레이건의 동시대적 성공을 분석한 사회학자 로렌스 그로스버그 역시 스튜어트 홀과 유사한 결론에 도달한다. Lawrence Grossberg, *We Gotta Get Out of This Place: Popular Conservatism and Postmodern Culture,*

위의 내용은 우리가 지금껏 얘기한 바와 충돌하는 것처럼 보인다. 권위주의적 포퓰리즘은 통치의 음모론과 비슷한 것이다. 그런데 그것은 저항의 음모론으로 동원된 서민들에 의존한다. 즉, 서로 대립하는 것으로 보이는 이질적인 요소가 서로 다투지 않고 하나로 합쳐져 있는 것이다. 이질적인 요소들이 합쳐져 하나를 이루는 것을 사회학은 '접합' 또는 '절합articulation'이라 부른다. 우리 논의에 집중해서 말하면, 정치적인 리더십이 만들어지기 위해서는 다양한 이데올로기적인 요소들이 절합하여 지도자와 서민, 지배자와 피지배자, 기득권자와 아웃사이더 모두가 동의하는 공통의 정치적 기획이 필요하다. 절합 개념을 활용하여 문제 사안을 다시 서술할 수 있다. 고통에 시달려 분노한 서민들이 자신들이 아니라 부자들을 위해 싸우는 것은 통치와 저항의 음모론이 절합되었기 때문이다. 문제의 절합 과정을 여기서 따지는 것은 무리다. 우리가 할 일은 음모론의 어떤 속성이 절합에 도움이 되었는지를 살피는 것이다.

London: Routledge, 1992, 특히 pp. 249~55를 참조하라. 마이클 로진 Michael Rogin의 *Ronald Reagan, The Movie and Other Episodes in Political Demonology*(Berkeley et al., University of California Press, 1988)의 레이건 시대 연구도 같은 맥락에 선다. 이는 뒤에서 다시 논의하겠다.

음모론의 형식

통치를 위해 저항의 음모론이 활용될 수 있는 까닭을 음모론의 고유한 특성에서 찾을 수 있다. 이에 다가가는 여러 입구가 있을 수 있겠다. 그중에서 소설 『프라하의 묘지』에서 펼쳐지는 움베르토 에코의 탁월한 통찰을 입구로 삼자.

현실에 큰 영향을 미친 '으뜸' 음모론이라 할 수 있는 『시온 장로들의 프로토콜』은 반유대주의 확산에 크게 기여한 실존 문서다.[5] 1903년 제정 러시아에서 출판된 이 문서의 핵심 내용은 유대인 장로 또는 현자들이 세계를 자신들의 수중에 넣기 위해 온갖 음모를 꾸민다는 것이다. 이를테면 전쟁과 기아, 경제 위기와 같은 고통스런 사건과 사고는 모두 세계 지배를 꾀하는 유대인의 작품이다! 판본에 따라 다르지만 대략 40~80쪽(24 챕터)에 불과한 이 문서에 대해 히틀러가 한 말을 에코는 작가 후기에서 인용한다.

그 민족의 삶이 끊임없는 거짓에 바탕을 두고 있다는 사실은 저 유명한 『시온 장로들의 프로토콜』에 분명하게 나와 있다. 『프랑크푸르터 차이퉁』은 매주 징징거리며 주장하기를,

---

5) Peter Knight(ed.), *Conspiracy Nation: The Politics of Paranoia in Postwar America*, New York & London: New York University Press, 2002, p. 595.

그 문서가 허위 사실에 근거하고 있다고 한다. 이것이야말로 그 문서가 진짜라는 가장 훌륭한 증거이다. [……] 그 책이 온 국민의 공동 자산이 될 때에는 유대 민족의 위험이 제거된 것으로 여겨도 되리라.[6]

말하자면 히틀러는 반유대주의의 정당성을 그 문서에서 찾았다. 그것은 유대인들이 세계를 그들의 것으로 만들기 위해 음모를 꾸미며 온갖 악행을 저지른다는 '사실'을 밝혔다. 따라서 그들은 박멸되어야 한다. 히틀러는 사라졌지만 음모론에 입각한 반유대주의는 여전하다. 이 문서는 오늘날까지 반유대주의의 경전 또는 교과서의 역할을 수행한다. 그러나 『시온 장로들의 프로토콜』은 분명 허위 문서다. 이 문서가 큰 반향을 불러일으키던 1920년대에 이미 많은 유럽의 언론들, 가령 1921년 『타임즈』를 비롯한 여러 언론들이 그 허위성을 폭로하였다. 폭로와 계몽과 비판은 그러나 대세에 전혀 영향을 미치지 못했다. 아니, 히틀러가 말한 바처럼 언론들이 자꾸 비판하는 것이야말로 그것의 진리성을 보여주는 증거로 인식되었다.

누가, 언제, 그리고 왜 『시온 장로들의 프로토콜』이라는

---

6) 움베르트 에코, 「작가 후기 또는 학술적 사족」, 『프라하의 묘지 2』, 이세욱 옮김, 열린책들, 2013, p. 766.

허위 문서를 만들었는지 확실하게 밝혀진 바는 많지 않다. 그러나 많은 연구자들이 "합의"한 바는 대략 다음과 같다. 러시아 차르의 비밀정보부의 사주를 받은 '누군가'가 프랑스의 모리스 졸리가 1864년에 쓴 정치적 풍자물을 표절하여 1896~97년 사이에 완성하였으며, 1903년 제정 러시아에서 출판되었다.[7]

허위 문서가 만들어지는 과정을 소설로 형상화한 것이 에코의 『프라하의 묘지』다. 에코는 밝혀지지 않은 문서의 작성자로 가공의 인물인 시모네 시모니니를 내세워 "세상에 존재할 수 있는 모든 음모의 '보편적인 형식'"[8]을 묘사한다. 시모니니는 알렉상드르 뒤마가 『주세페 발사모』에서,

모든 음모의 '보편적인 형식'을 만들어낸 게 아닐까 하고 생각했다.

내 생각을 부연하자면 뒤마의 이야기에서 〔……〕 그 시대와 관련된 것들은 빼버리고, 음모자들이 세계 곳곳에서 오는 대목을 취한다. 그들은 **각 나라에 촉수를 뻗고 있는 비밀 집단의 대표들이다**(1). 그들이 모이는 곳은 상관없다. 중요한 것은 그들 가운데 한 사람이 〔……〕 **음모와 세계 정복의**

---

7) Peter Knight(ed.), 같은 책, p. 595.
8) 움베르트 에코, 『프라하의 묘지 1』, 이세욱 옮김, 열린책들, 2013, p. 144.

의지(2)를 적나라하게 드러내는 연설[을 하는 것이다]. 내가 알고 지낸 사람들 중에는 비밀에 싸인 어떤 원수의 음모를 두려워하는 사람들이 늘 있었다. [유대인, 프리메이슨, 예수회, 국왕,] 일루미나티가 그런 적들이었다. **어떤 음모 때문에 자기가 위험에 처해 있다고 생각하는 사람들은 오늘날에도 여전히 존재한다(3)**. [……] 뒤마는 하나의 서식을 만들어낸 셈이다. **누구든 자기가 원하는 대로 그 서식을 작성하면, 자기 나름의 음모론을 만들어낼 수 있는 것이다**(4).

뒤마는 진정 인간의 흉중을 꿰뚫어본 작가였다. 인간은 저마다 무엇인가를 열망한다. 불행한 사람, 운명의 여신에게서 사랑을 받지 못한 사람일수록 갈망도 크다. 그렇다면 인간은 무엇을 열망하는가? **돈을 열망하고, [……] 권력을 열망하며, 자기가 겪은 부당한 일[……]에 대한 복수를 열망한다**(5). [……] **왜 나에게는 [……] 행운이 따르지 않는가**(6)(그렇게 엄청난 행운은 고사하고 그저 소박한 바람이라도 이룰 수 있으면 좋으련만 왜 나는 그마저도 얻지 못하는가)? **나보다 못한 사람들에게도 내리는 복이 왜 나한테는 오지 않는가?**(7) 사람이 불행한 것은 그 자신이 무능한 탓일 수도 있으련만, **아무도 그런 생각을 받아들이지 않는다**(8). 그래서 사람들은 자기들을 불행하게 만든 **죄인을 찾아내려고**(9) 한다. 뒤마는 **욕구 불만에 빠진 모든 사람들에게(모든 개인과 모든 민족에**

게) 그들의 실패에 대한 설명(10)을 제공한다.

〔······〕나는 그 시절에 벌써 중요한 사실 하나를 깨달았다. 어떤 음모를 폭로하는 문서를 만들어서 팔아먹으려면 독창적인 내용을 구매자에게 제공해서는 안 되고, 오히려 구매자가 이미 알아낸 것이나 다른 경로를 통해 쉽게 알아낼 수 있는 것만을 제공해야 한다. **사람들은 저희가 이미 알고 있는 것만을 믿는다**(11). 음모론의 보편적인 형식이 빛나는 이유가 바로 거기에 있다.[9]

뒤마가 만들고 시모니니가 '부연'한 음모론의 '보편적 형식'을 이렇게 정리할 수 있다. 인간은 돈과 권력을 열망하지만(5) 조촐한 현실에 절망한다. 행운은 나를 피해간다(6). 나보다 못한 자들에게도 내리는 복은 왜 나를 피해가는가(7). 난 왜 여전히 위험에 처해 있는가(3). 실패를 성공으로 바꿀 수 없다면, 최소한 실패에 대한 설명만이라도 필요하다(10). 설명이 꼭 들어맞을 필요는 없다. 어차피 성공할 수 없다면, 복을 취할 수 없다면, 안전해질 수 없다면, 최소한 나의 자존감이라도 회복시킬 수 있는 그럴듯한 설명이면 만족할 것이다. 그래서 '상상의 해결책'이라도 무방하다. 목적

---

9) 같은 책, pp. 144~47. 강조와 숫자, 〔 〕는 필자.

이 추락한 자존감의 회복이니, 내가 무능한 탓이라는 따위의 쓰라린 충고는 필요 없다(8). 오히려 내 탓이 아님을 명확히 보여줄 수 있는 '죄인'이 필요하다(9). 놈들이 그냥 보통 사람이라면 '존심' 상한다. 그렇다면 대단한 놈들이어야 한다. 그렇다고 터무니없는 놈들――가령 외계인――에게 책임을 물을 수는 없다. 잘 알려진 놈들(11)이지만 비밀리에 음모를 꾸미는 패거리는 어떨까. 그래, 전 세계에서 암약하는 비밀 집단의 대표(1) 정도가 좋겠다. 새로운 지식은 고통에 짓눌린 사람들에게 매력이 없다. 생각할 여유가 없기 때문이다. 이미 알려진 것에 부합하는 것이 쉽고 편하다. 그래서 놈들은 예외 없이 사회적으로 배제되고 버려지고 탄압받는 사람들이다. 선입견, 고정관념, 편견에 시달리는 집단이다. 당연히 놈들은 의지를 보여야 한다(2). 나를 실패하도록 만든 계획이 있어야 한다. 이렇게 나는 나름의 음모론(4)으로, 즉 상상적 해결책으로 간극을 해소한다.

에코의 통찰과 지금껏 우리가 다뤄온 내용에 기대어 음모론의 보편적 형식을 7가지로 정리할 수 있다.

첫째, 음모론은 필사적이고 절실한 물음이자 답변이며, 기대와 현실의 간극을 상상적으로 해결하는 방책이다. 상상의 해결책은 과학적 탐구 프로그램과 다르다. 과학적 해결책은 제도로 보호되는, 또 과학자 커뮤니티의 자체 검증 시스템으로 통제받는 공간에서 강구된다. 이에 반해 상상의 해결책은 보호도 통제도 받지 않는 공간에서 강구된다. 실제적 문제, 예컨대 기아를 겪고 있는 사람들을 생각해보자. 과학적 탐구자들은 본인들이 기아를 겪지 않으면서 제도적 안전장치, 즉 연구비나 봉급으로 보호받으면서 문제를 연구한다. 또 연구 결과에 대한 상호감시가 수행된다. 기아에 허덕이는 사람은 제도의 보호도 커뮤니티의 상호감시도 없는 상황에서 그 문제와 직접 부딪친다. 그들은 세계를 이해하고자 "필사적이고 절실한 시도"[10]를 할 수밖에 없다. 왜 내 삶은 이렇게 비루하고 곤궁한가. 사랑하는 내 딸을 이렇게까지 굶주리게 하는 놈들은 대체 누구인 거야. 상상 속에서라도 놈들에게 복수하고 싶다(5). 그만큼 필사적이고 절박하기에 증거를 여럿이서 곰곰이 따져보는 상호통제가 이뤄질 리 없다. 그래서 음모론은 "쇠약한degenerating 탐구 프로그램"[11]일 수밖에 없다. 상상의 해결책인 음모론은 과학적 연구와 달리 실제 문제의 당사자들이 취하는 필사적이고

---

10) Fredric Jameson, "Cognitive Mapping," Cary Nelson·Lawrence Grossberg (eds.), *Marxism and The Interpretation of Culture*, University of Illinois Press: Chicago, 1988, p. 355.

11) Steve Clarke, "Conspiracy Theories and Conspiracy Theorizing," *Philosophy of The Social Sciences* 32(2), 2002, p. 143.

절실하며 쇠약한 탐사 시도다.

둘째, 음모론은 책임 소재를 다루고 다투는 일상적 정치 이론이다(3, 8, 9). 사이먼 로크는 음모론을 "비난을 귀인하는 방식들"[12]로 정의한다. 음모론은 비난의 책임을 자신이 아니라 타인이나 외부 환경에 돌려 다음의 선언을 가능하게 한다. 그것은 내 책임이 아니야. 음모론은 고통과 비루한 처지의 책임을 면해준다(8). 짧게 말하면, 음모론은 책임 전가와 회피의 정형화된 양식이다.

셋째, "복잡한 사안을 단순하게 만드는 것"[13]이 음모론이다. 독특한 귀인 방식인 음모론의 가장 중요한 특성은 사안, 더 정확히 말하면 비난과 책임의 단순화다. 소설가 임성순은 9·11의 복잡한 책임 문제를 다음과 같이 설명한다.

어느 날 두 대의 비행기가 한 부자 나라 건물에 충돌한다. 그리고 그 배후 인물로 한 테러리스트와 한 독재자의 이름이 언급된다. 누가 그들에게 자금을 지원했는가? 누가 그들의 공모자인가? 그들은 과거의 어느 날 부자 나라에서 놀러가

---

12) Simon Locke, "Conspiracy Culture, Blame Culture, and Rationalisation," *The Sociological Review* 57(4), 2009, p. 582.

13) Ruth Groh, "Verschwörungstheorien und Weltdeutungsmuster," Timothy Melley, *Empire of Conspiracy: The Culture of Paranoia in Postwar America*, Ithaca & London: Cornell University Press, 2000, p. 8.

기 위해 자동차에 기름을 가득 채운 채 어딘가 떠났던 사람들이며, 자신의 재산을 늘리기 위해 석유회사 펀드에 투자했던 사람들이며, 빈 방에 전등을 켜놓았던 사람들이며, 이렇게 말했던 사람들이다. "어쩔 수 없어요. 세상은 그런걸요." 〔……〕 그들은 죽는 순간까지 알 수 없었을 것이다. 자신들이야말로 그날 벌어진 진정한 배후 세력 중 하나였음을.[14]

9·11을 벌인 테러리스트와 그들의 공모자는 명백하다. 그러나 신중한 사람은 생각을 여기서 멈추지 않을 것이다. 테러리스트와 공모자의 배후에는 누가 있을까? 임성순이 말하지는 않지만 오사마 빈 라덴은 과거 미국과 협력했던 인물이다. 빈 라덴 가문은 특히 부시 가문과 매우 긴밀했다. 화가 마크 롬바르디는 「조지 부시, 하켄 에너지 그리고 잭슨 스티븐스, 약 1979~90년」[15]이라는 작품에서 두 가문의 긴밀한 관계를 매우 세밀하게 묘사했다. 임성순은 우리 모두가, 심지어는 건물에서 죽은 희생자마저도 공모자일 가능성에 주목한다. 석유와 전기를 아무 생각 없이 펑펑 쓰

---

14) 임성순, 『컨설턴트』, 은행나무, 2010, pp. 265~66.
15) 마크 롬바르디는 자살을 했다(혹은 그렇게 알려져 있다). 나중에 밝혀진 바에 따르면, 그는 생전에 FBI의 감시를 받았다. 그의 그림은 아래 사이트에서 볼 수 있다. http://www.pierogi2000.com/artists/mark-lombardi/#jp-carousel-2022

는 '우리,' 돈을 벌어볼 요량으로 석유펀드에 투자하는 바로
'우리' 말이다. 이런 식의 사고는 음모론을 불가능하게 만든
다. 그것은 '필사적이고 절실하며, 쇠약한' 시도인 음모론과
어울리지 않는다.

넷째, 음모론은 방어 기제다.[16] 고통스럽기에 현실을 받
아들이기 힘들다. 원하는 바를 이루지 못해서 속상하다(6).
그런 모든 책임을 내가 떠안는 것도 버겁다(8). 감정적으로
용납이 안 된다. 나보다 못한 녀석에게도 내리는 복이 나를
피한다. 너무 자존심이 상한다(7). 내가 이 정도밖에 안 되
는 거야, 자책에 시달린다. 산산이 부서져버린 내적 세계를
재건하기 위해, 원치 않는 감정으로부터 나를 보호하기 위
해서라도 음모론을 믿어야 한다. 편집 망상과 마찬가지로
음모론은 세계에 다시금 질서를 부여한다. 음모론은 '탓할
누군가나 무엇'을 준다. 이 모든 고통이 내 책임이 아님을,
그리고 그 이유를 밝혀준다. 그렇게 자신을 방어할 수 있도
록 돕는다.

다섯째, 음모론은 고통을 유발하는 문제의 이유와 원인을
사람의 모습으로 만든다(1). 말하자면 음모론은 문제의 원

---

16) Rolf Haubl, "Vertrauen in Mißtrauen. Über paranoide Gruppenprozesse,"
    Jahrbuch für Gruppenanalyse 11, 2005, p. 77; 헬렌 조페, 『위험사회와 타자
    의 논리』, 박종연·박해광 옮김, 한울, 2002, p. 29.

흉으로, 문제를 책임지라고 "특정한 행위자(들)를 호명"[17] 한다(9). 구조나 환경의 영향력을 무시하고 문제의 이유와 원인을 행위자에게서 찾는 것을 사회학자들은 "인격화"[18]라 부른다. 인격화의 가장 큰 쓸모는 사안을 명확히 하는 것이다. 구조와 환경의 작용은 직관적으로 알기 힘들다. 보이지 않기 때문이다. 배가 고파 미치기 바로 직전의 분노한 사람들에게 '당신들이 굶주리는 이유는 다국적 곡물회사와 결국엔 자본주의 체제의 문제입니다'라고 말하면? 들리지 않을 것이다. 음모론은 고통받는 사람들에게 간결하고 명확하게 말한다. 여러분들이 이렇게 고통받는 이유가 무엇인지 아십니까? 우리들의 세금을 가로채는 외국인 때문입니다. 그들이 바로 우리 적입니다.

여섯째, 음모론은 우연을 인정치 않고 모든 나쁜 일이 적의 의지와 의도의 결과임을 알려준다(2).[19] 인격화된 원인

---

17) Véronique Campion-Vincent, "From Evil Others to Evil Elites: A Dominant Pattern in Conspiracy Theories Today," Gary Alan Fine, Véronique Campion-Vincent · Chip Heath(eds.), *Rumor Mills: The Social Impact of Rumor And Legend*, New Brunswick: Aldine/Transaction, 2005, p. 104.

18) Mark Eisenegger, "Eine Phänomenologie der Personalisierung," Mark Eisenegger · Stefan Wehmeier(eds.), *Personalisierung der Organisations-kommunikation. Theoretische Zugänge, Empirie und Praxis*, Wiesbaden: VS Verlag, 2010, p. 12.

19) Steve Clarke, 같은 글; Simon Locke, 같은 글.

제공자와 책임자는 "명확한 동기"[20]를 가지고 행동한다. 때문에 어떤 일로 이익을 보는 자를 찾는 것, 곧 쿠이 보노cui bono(누가 이득을 보는가)가 음모론의 인식론인 것이다. 지진은 분명 자연재해다. 누군가 원한 것도 의도했던 것도 아닌 그냥 일어난 일이다. 허망하다. 모든 것을 통제할 수 있는 엄청난 과학의 시대에 '아무런 의미' 없는 우연에 의해서 내 가족이 내 집이 모두 그렇게 사라져버리다니. 아냐, 그럴 리 없어. 분명 누군가가 배후에 있을 거라고(10). 600여 년 전 페스트가 창궐했던 유럽에서는 유대인이, 90년 전의 관동대지진 때는 재일조선인이, 2009년 동남아 쓰나미 때는 '지하 핵실험'이 자연의 우연적 폭력에서 비롯한 의미의 공백을 채웠다.

일곱째, 음모론은 이원론적 사고다(3).[21] 세상은 '우리'와 같은 착한 사람들과 사악한 '그들'만이 있을 뿐이다. '우리'는 한없이 착하고 선량한 '희생자'다. 희생자라는 지위는 우월성을 부여한다. 당연히 그 뿌리는 더없이 도덕적이다. "희생자 지위"의 동질성은 '우리'를 하나로 묶어준다.[22] '그

---

20) Véronique Campion-Vincent, 같은 책, p. 104.

21) Dieter Groh, 같은 글, p. 268; Rolf Haubl, 같은 글, p. 81.

22) Herfried Münkler·Karsten Fischer, "'Nothing to Kill or Die for…' Überlegungen zu einer politischen Theorie des Opfers," *Leviathan* 28(3), 2000, pp. 343~62. 희생자 지위에 대해서는 7장에서 상세히 다룰 것이다.

들'은 인간의 모습을 한 사탄 그 자체이며, 나쁜 생각을 가지고 우리를 없애려 하며, '그들'의 존재 자체가 악행의 증거다. 자기 탓도 있을 법하지만 고통의 무게에 짓눌린 사람에게 '자기성찰'과 '책임 회피'에 대한 고려(8)는 사치이거나 '헛소리'일 뿐이다. 모든 '책임'은 오로지 '그들'이 져야 한다(9).

음모론의 보편적 형식에서 우리가 취할 수 있는 바는 명확하다. 음모론은 실제적으로 채워질 수 없는, 또는 그러기 힘든 '간극'을 아주 쉽게 줄힐 수 있는 상상적이며 문화적 해결책이다. 이런 쓸모와 매력을 고통받는 이들이 외면하기는 어렵다. 특히 현실적인 해결책들이 없거나, '공공 영역이 텅 비어버렸기에' 그런 것들이 논의조차 되지 않는 상태에서는 더욱 그렇다. 움베르토 에코가 자신의 책으로 비판하려는 바는 고통받는 자들의 저항 의지가 통치의 음모론에 포섭(절합)되어 기존의 질서가 어려움 없이 유지되고 재생산되는 현실이다. 또 기존 질서의 유지와 재생산으로 이익을 챙기는 기득권자가 아닌, 그것 때문에 큰 고통을 받는 자기 자신이나 애꿎은 다른 집단을 조준, 파괴하고 있다는 사실이다. 에코의 비판과 우려는 당연하다. 다만 지적할 바는 이거다. 음모론의 쓸모와 매력이 비단 기득권자의 정치적 술수에만 이용되고 남용되는 것은 아니다. 기존 질서를 갈아엎으려는 집단도 역시 마찬가지다. 요컨대 음모론의 보편적 형식은 모든 정치 전략이 의존하고 착취할 수밖에 없는 자원이다.

7장

정치 전략으로서의 음모론

음모론의 세 가지 정치 전략

음모론은 약자의 무기이기도 하지만 억압의 망치이기도 하다. 이는 음모론이 전략적으로 이용될 수 있다는 것을 말한다. 즉, 음모론은 그 자체 "정치 전략"이자 정치적 자원이다. 정치 전략으로서 음모론은 세 가지 쓸모를 지닌다. 정치는 "정치적 대중성과 정당성의 수사학적 전투"를 치러야만 한다. 그래서 음모론은 첫째, 지지자를 "동원하는 수단"이다. 그들이 어떤 비밀스러운 음모를 꾸미고 있어. 분명 우리에게 해가 되는 일일 거야. 이에 맞서 싸워야 하지 않을까? 음모론은 둘째, "정적을 비난"하는 데 쓰인다. 그들이 우리에게 해가 되는 음모를 꾸미고 있잖아. 사악한 놈들이야. 쳐 죽일 놈들이라고. 마지막으로 음모론은 비판의 "정당성을 훼손하는 수단"이기도 하다.[1] 그놈들이 말하는 거 봤어? 자기들은 아무 죄 없대. 자기들을 옭아매려는 음모래, 음모. 가증스런 놈들.

음모론의 정치 전략적 세 요소에는 미세하지만 중요한 차이가 있다. 첫번째 요소에서 음모론은 제 힘을 모으는 도구다. 두번째에서는 상대방을 공격하는 도구다. 이에 반해 세번째는 경쟁자가 제기한 의혹이나 비판—음모론일 수도 있다—에 맞대응하는 전략이다. 그 방식은 여러 가지일 수 있지만, 특별히 관심을 끄는 것은 음모론자 낙인찍기 전략, 즉 비판이나 의혹 제기에 면역력을 키우는 비판 면역 전략이다.

비판 면역 전략[2]

독자 당신은 어떤 음모가 실제로 존재한다고 주장할 수 있

---

1) Mark Fenster, *Conspiracy Theories: Secrecy and Power in American Culture*, Revised and updated edition, Minneapolis & London: University of Minnesota Press, 2008, p. 10.

2) 이 내용은 Ginna Husting·Martin Orr, "Dangerous Machinery: 'Conspiracy Theorist' as A Transpersonal Strategy of Exclusion,"*Symbolic Interaction* 30(2), 2007에서 착안했다.

다. '전상진은 외계인들과 손잡고 이 책으로 우리를 세뇌시키려 한다.' 내가 회피하고 싶은 사안을 문제제기할 수도 있다. '이거 표절 아닙니까? 돈이나 벌어보려고 대충 쓴 거 아닌가요?' 하지만 나는 음모론자라는 낙인을 통해서 당신을 이성적 대화 참여자의 공동체에서 상징적으로 배제할 수 있다. 애초 나는 당신이 제기한 질문, 관심 또는 도전에 답해야 하는 상황이었다. '저는 외계인과 아무런 관계가 없습니다. 저는 표절하지 않았습니다. 별로 안 팔릴 거 잘 압니다. 저는 단지……' 그러나 내가 당신을 '음모론자'라고 부름으로써 형세를 역전할 수 있다. 이제 내가 아니라 바로 당신이 의혹에 대해 설명해야 한다. 왜냐하면, 당신은 비합리적이고 편집증적인 음모론자이기 때문이다. 나는 이상한 음모론자와 드잡이나 할 한가로운 사람이 아니다. 그리고 이 점을 세상 사람들도 '인정'해줄 것이다. 당신의 주장이 근거 있는 것임을 스스로 증명해야 한다. 내가 아니라 당신이 외계인과 공모했다는 증거를 보여줘야 한다. 당신이 표절의 증거를 제시해야 한다. 당신이 내가 이 책을 쓰는 데 투여한 시간과 책 판매로 벌어들인 수익은 물론이고 내가 지불한 기회비용마저도 밝혀야 한다. 나는 단순한 낙인 하나로 당신을 공적 영역에서 수세로 내몬 것이다. 대중 앞에서 얘기할 수 있는 당신의 권리, 논쟁할 수 있는 당신의 권리를 제한하거나 박탈한 것이다.

조지 부시의 핵심 참모였다가 스캔들에 휘말려 백악관을 떠났지만—대통령 본인뿐 아니라 주변의 모든 사람들이 그렇듯이—그럼에도 불구하고 또는 바로 그렇기 때문에 현재 『월스트리트저널』의 칼럼니스트로 맹활약 중인 칼 로브는 말한다. "당신이 설명해야 한다면 당신은 이미 패배한 것이다."[3] 칼 로브의 '지혜'가 '위대한' 것임을 잘 보여주는, 정치사에 길이 남을 리처드 닉슨의 말이 있다. "난 사기꾼이 아닙니다." 자신에게 제기된 의혹에 대해 '순진하게' 답함으로써 닉슨은 수세에 몰렸다. 답변을 함으로써 그는 자신이 사기꾼이 아님을 스스로 증명해야 했다. 요컨대 입증 책임을 스스로 짐으로써 수세에 몰렸다. 음모론 낙인찍기는 입증 책임을 의혹을 제기한 사람에게 돌리는 것이다.[4]

낙인찍기 이외에 또 하나의 비판 면역 전략은 '형세 역전,' 즉 프레임의 변화 전략이다. 질문한 사람에게 답하지

---

3) William R. Freudenburg·Margarita Alario, "Weapons of Mass Distraction. Magicianship, Misdirection, and The Dark Side of Legitimation," *Sociological Forum* 22(2), 2007, p. 159.

4) 칼 로브의 후계자들은 세계 도처에 있다. 우리 눈앞에도 있다. 한 신문사는 검찰총장의 혼외 자식 의혹을 제기하면서 로브의 조언을 매우 충실히 따른다. 단편적 정황과 일방적 추정에 기대어—두 당사자에 대한 인터뷰도 없이—의혹을 제기한 후에 입증 책임을 당사자에게 돌린다(김동조, 「합리적 의심에 관하여」, 『한겨레』, 2013년 9월 16일자. http://www.hani.co.kr/arti/opinion/column/603644.html

162

않고, 그에게 역으로 질문한다. 흔히 활용되는 방법은 질문의 의도를 묻는 것이다. '당신은 왜 그런 걸 묻나요? 그것이 궁금한 것이 아니라 애초부터 저를 공격하기 위함 아닌가요?' 억양이나 표현이나 태도를 문제 삼을 수도 있다. '이책은 이런저런 문제가 있습니다. 학술적으로나 현실적으로나 기여한 바가 전혀 없어요. 요컨대 이 책은 귀태鬼胎입니다.' 사실 나는 이러한 지적에 답이 궁하다. 실수도 있었고 잘못 생각한 것도 있었다. 하지만 마지막 말이 절호의 기회다. '아니, 귀태라니요. 어찌 그런 막말을…… 어차피 당신은 책에 대해 말할 생각이 없었던 거죠. 당신은 어떤 의도를 가지고 나를 모욕하려는 겁니다. 불순한 의도를 가진 당신과 논쟁할 생각이 없습니다.'

다른 예를 보자. 법에 저촉되는 '일'을 하는 여성 공무원의 범행 현장 바깥을 여러 남성들이 포위('포위'가 곧 '호위'가 된 경우라 하겠다)한 일이 있었다. 그 여성의 범행에 대한 추궁을 우리는 이렇게 막을 수 있다. '아니, 남자들이 떼거지로 와서 나오라고 소리치는데, 가냘픈 여성이 얼마나 무서웠겠어요.' 이로써 추궁은 혐오스런 일이 되었다. 두려움에 떨었으리라는 주장과 달리, 그녀가 '자발적' 감금의 시간 동안에 범행의 증거들을 없앴던 것을 우리는 알고 있다. 이것은 그러나 중요치 않다. 다수의 남성들이 한 명의 여성을 핍박했다는 '사실'을 강조함으로써 그 여성의 직업이나 행동은 논점에서 제외된다. 의혹 제기자의 전문성을 트집 잡아 위기를 모면할 수도 있다. '이것은 비문 아닌가요?' '당신, 국문학자야?' '이것은 베버를 잘못 인용한 것 같은데⋯⋯' '당신, 사회학 박사학위 있어? 독일어 알아?' '우리 민주주의가 훼손되는 것 같은데⋯⋯' '당신이 정치학 박사야? 국회의원이야?'

비판 면역 전략은 두 가지 음모론 모두가 채택할 수 있는 정치 전략이다. 그러나 한 가지는 분명하다. 비판 면역 전략은 기득권자가 선호하는, 아니 선호할 수밖에 없는 전략이다. 의혹이나 비판은 대상을 가리지 않지만, 비판 면역이 기존 질서의 유지에 관심이 있는 사람이나 집단에게 더 유용하기 때문이다.

마지막으로 살펴볼 비판 면역 전략은 이른바 "상황이론 contingency theory"[5]에 근거한 수사적 전략이다. 애초 상황이론은 우연이나 실수로 사고가 일어날 수 있다는 맥락에서 음모론에 반대되는 것으로 제시되지만, 나는 이것을 모든 인간과 집단이 '상식적'으로 대응하는 방편이라는 점에 주

---

5) Skip Willman, "Spinning Paranoia: The Ideologies of Conspiracy and Contingency in Postmodern Culture," Peter Knight(ed.), *Conspiracy Nation: The Politics of Paranoia in Postwar America*, New York & London: New York University Press, 2002, pp. 21~39.

목했다.[6] 자기 집단을 긍정적으로, 다른 집단을 부정적으로 묘사하는 것은 자연스럽다. 상황이론은 자기편의 음모나 잘못이나 범죄가 폭로되었을 때 사용하는 수사적 대처 방안이다. 자기편의 음모나 잘못이 폭로되면, 그것이 의도된 것이 아니며 체계적인 속성—구조적인 문제에 근거하여 지속적으로 나타나는 문제—의 결과가 아니라고 주장한다. 그것은 의도치 않은 실수, 개인의 "일탈,"[7] 또는 우발적으로 저지른 잘못으로 처리하여 '덮고 넘어가는' 방책이다. 음모론이 정적이나 다른 집단에 책임을 전가하기 위한 공격 전략이라면, 상황이론은 곤경에 처한 '아군'을 옹호하거나 변호하는 수비 전략이다.

희생자 되기와 악마 만들기

음모론의 정치 전략에서 나머지 두 요소를 살펴보자. 하나는 지지자를 동원하는 데, 다른 하나는 정적을 비난하기 위

---

6) 상세한 내용은 전상진의 「한국 정치의 '편집증적 스타일?' 한국 정치 커뮤니케이션과 음모론」, 『경제와사회』 제85호, 비판사회학회, 2010을 참조하라.

7) 강윤주, 「댓글 사건, 일탈 있었다」, 『한국일보』 2013년 11월 5일자. http://news.naver.com/main/read.nhn?mode=LSD&mid=sec&sid1=100&oid=038&aid=0002435286

해 쓰이는 것이다. 일단 전자를 '희생자 되기' 또는 '희생자 지위를 점하기'로, 후자를 '악마 만들기' 또는 '악마화'라고 하자. 두 요소는 다르지만 매우 밀접히 연결된다. 따라서 두 가지를 동시에 다루어야 한다.

희생자 되기와 악마화는 각각 개별적으로 연구되어온 사항들이다. 희생자 되기의 연구 성과는 뒤에서 밝힐 것이므로 여기서는 언급하지 않겠다. 악마화와 관련해서는 두 가지 연구 성과를 살필 필요가 있다. 마이클 로진은 "정치적 악마학political demonology"이란 용어를 제안했는데, 정적의 힘을 "과장"하여 그들을 악마로 "낙인찍고, 비인간으로 묘사"하는 것을 의미한다.[8] 특히 레이건 시절에 "악마학자 demonologists"들은 세계를 두 진영으로 나누고, 악의 음모적 중심은 마술적 권력을 지닌다고 주장했다. 즉, 악마학은 정치적 엘리트들이 권력 획득과 유지를 위한 목적으로 음모론을 활용하여 정적들을, 또는 소외 집단을 희생양으로 삼는 정치적 술수다.

로진의 기여는 분명하다. 하지만 편향적이다. 그가 분석한 냉전 시기에 미국만 소련을 악마화한 것일까? 소련은 어땠나? 윌리엄 비먼은 미국과 이란이 "전략적으로 상대방을

---

8) Michael Rogin, *Ronald Reagan, The Movie and Other Episodes in Political Demonology*, Berkeley et al., University of California Press, 1988, p. xiii.

악마화하는 수사적 범주"를 활용한다고 밝혔다.[9] 말하자면, 미국은 이란을 "미친 이슬람 율법학자mad Mullahs"로, 반대로 이란은 미국을 "대 사탄Great Satan"으로 묘사함으로써 지지를 끌어내고 정당성을 확보한다는 것이다. 이러한 "상호 악마화의 과정"[10]은 미국과 소련, 미국과 이란과 같은 국제관계에서만 발견되는 것은 아니다. 국내 정치에서도 그런 상황이 발생한다. 멀게는 미국, 가깝게는 이 땅에서 대립하는 정치집단들은 서로를 악마로 간주한다.[11]

　타자를 악마화하는 문화적 동학을 밝힌 것은 중요한 성과이지만 중요한 한 가지를 무시했다. 타자를 악마로 만들면 자신의 지위도 변화한다. 달리 말하면, 자신의 지위를 바꾸기 위해 타자를 악마로 만들 수 있다. 타자의 악마화와 자신의 지위 변화는 일면적 과정이 아니라 상호적인 과정이다. 마크 우드워드는 바로 그 점에 주목했다. 그는 인도네시아의 이슬람주의자 운동을 분석하면서 타자를 악마화하면서 자신은 "순수한 희생자"로 만드는 전략적 수사학의 모

---

9) William O. Beeman, *The 'Great Satan' vs. The 'Mad Mullahs.' How The United States and Iran Demonize Each Other*, Westport et al.: Praeger, 2005, p. 69.

10) 같은 책, p. 4.

11) 이에 대해서는 8장에서 자세히 이야기하겠다.

습을 스케치하였다.[12]

악마 만들기의 효과는 희생자 되기의 정당성을 강화하며, 희생자의 강화된 긍정적인 정당성은 악마의 사악함을 극대화한다. 따라서 양 전략은 상승 작용을 일으킨다. 희생자 되기는 지지자 동원의 정치 전략이다. 그것은 일단 희생자—로 느끼는 사람들—를 하나의 공동체로 만든다.[13] 그것은 또한 '해방적'이다. 낙인찍기의 부정적 함의를('넌 루저야') 역전시켜, 오히려 긍정적인 속성('그래 난 루저다!')으로 변형한다. 물론 그것의 작동이 그리 간단치는 않다. 희생자 되기 또는 희생자 지위를 점하는 것은 하나의 사회적 과정으로 "동일시, 낙인찍기, 인정"을 포함한다.[14] '동일시'는 당사자가 희생자라고 생각하는 것이고, '낙인찍기'는 타인들이 그를 부정적인 의미에서 희생자로 간주하는 것을

---

12) Mark Woodward, "Tropes of The Crusades in Indonesian Muslim Discourse," *Contemporary Islam* 4(3), 2010, p. 327.

13) 나는 결코 희생자 정치politics of victimology나 희생자 권리운동이 가져온 '진보적 성과'를 부정하지 않는다. 다만, 희생자의 정당성과 권리를 '착취'하여 전략상의 이점을 챙길 수 있다는 점을 밝히고자 한다. 이 발상은 웬디 브라운(Wendy Brown, *States of Injury, Power and Freedom in Late Modernity*, Princeton & New Jersey: Princeton University Press, 1995)에서 도움을 받았다. 특히 3장 「상처 입은 애착Wounded Attachments」은 미국의 우익 포퓰리스트가 착취하는 희생자 의식을 다루었다.

14) Gabe Mythen, "Cultural Victimology: Are We All Victims Now?" Sandra Walklate(ed.), *Handbook of Victims and Victimology*, London: Routledge, 2011, p. 466.

말하며, '인정'은 당사자와 타인 모두 그를 희생자로 인정하는 것을 뜻한다.

희생자 되기의 세 가지 사항들은 서로 모순적이다. 이는 우리 시대의 모습을 반영하는 것이기도 하다. 우리 시대는 희생자를 혐오하는 동시에 희생자에 "매혹"된다. 희생자에 매혹된다는 것은 동일시와 인정으로 나타나고, 희생자 혐오는 낙인찍기로 나타난다. 희생자 혐오는 당사자가 그 일에 대한 책임이 있다는 점(자기책임)을 강조한다. 왜 그 시간에 그곳을 갔어? 왜 옷을 그렇게 입었어? 이와 달리 인정과 동일시는 희생자에 매혹된 우리 시대의 모습을 보여준다. 그것의 가장 중요한 쓸모는 "전략적 특권"이다.[15] 전쟁, 테러, 자연재해, 국가폭력, 큰 사고, 범죄의 희생자는 물질적, 상징적, 도덕적 '보상을 받을 권리'를 부여받는다. 나는 아무런 죄도 없습니다. 그런데 이렇게 처참한 상황에 처했습니다. 책임을 질 원인이나 주체가 명확한 경우, 특히 국가나 기업과 같은 경우에는—쉽지 않지만—보상을 받을 수 있다. 그러지 않아도 상관없다. 인도주의적 견지나 연대의 차원에서 이들에게 도움을 주는 것은 당연하다고 우리는 생

---

15) Herfried Münkler · Karsten Fischer, "'Nothing to Kill or Die for···' Überlegungen zu einer politischen Theorie des Opfers," *Leviathan* 28(3), 2000, p. 351.

각한다. 예를 들어 가정폭력의 희생자를 우리는 희생자이면서 동시에 '생존자'로 치켜세운다. 물론 사회적으로 인정받는 희생자의 지위가 자연스레 제공되지는 않는다. 푸레디가 말한 바처럼, 경쟁하는 희생자 "단체들이 그들의 고통에 대한 보상으로 특별한 특권과 자원을 요구"한 결과다. "로비의 산물"이자 정치적 관철의 결과다.[16]

특히 서구에서 '희생자 매혹'이 강하다. 생존자들이 토크쇼에 나와 자신의 고통을 만인 앞에서 고백하고, 미디어와 시청자는 그들을 영웅으로 치켜세운다. 때문에 "유명 인사들은 자신들이 아이였을 때 겪은 고통스러운 학대를 생생하게 고백하기 위해 서로 경쟁한다."[17] 사회가 희생자를 인정하는 경향이 강해지면서 동일시가 확대된다. 희생자 지위가 "전략적 특권"을 제공하기 때문이다. 결코 희생자가 아니지만 그 지위가 제공하는 전략적 특권을 취하기 위해 희생자인 척하는 일(동일시)이 잦아지는 것이다. 희생자 되기는 확고한 정체성을 부여하고(난 홀로코스트를 겪은 사람이야), 위신을 높여주며(극한 상황을 겪은 사람의 아우라), 공격할 수 없도록(그런 일을 겪은 사람인데 그 정도 잘못을 가지고 비

---

16) 프랭크 푸레디, 『우리는 왜 공포에 빠지는가?: 공포 문화 벗어나기』, 박형신·박형진 옮김, 이학사, 2011, p. 198.

17) 같은 책, p. 199.

난할 수는 없다) 만든다. 희생자 지위는 책임을 면제하며 주목을 요구하고 공감이나 감정이입을 하지 못하는 사람들을 압박한다.

희생자 매혹의 탄생에 영향을 미친 요인은 많겠지만, 특히 중요한 것이 극단적 합리성이다. 이를 레이몬드 라우를 따라 "예견과 예방 가능성"이라 하자.[18] 이것은 '모든 사건과 사고들을 예견할 수 있고 예방할 수 있다'는 신념이나 정신 상태를 지칭한다. 예견과 예방 가능성의 신념은 『브리티시 메디컬 저널』과 같은 권위 있는 학술지까지 점령했다. 2001년 저널은 편집 방침을 공표했다. '사고accident라는 단어를 추방하자.' 상해를 촉발하는 사건들을 예측할 수 있고 예방할 수 있기 때문이다. 물론 자연재해와 같은 것들이 일어날 수 있다. 그러나 그런 일마저도 어느 정도까지는 예견할 수 있기 때문에 예방적인 조치를 취했어야 한다.

우연은 없다는 극단적인 신념이 최근에 갑자기 등장한 것은 아니다. 1872년 독일 과학자이자 의사인 에밀 뒤부아-레몽은 라이프치히에서 다음과 같은 연설을 했다.

---

18) Raymond W. K. Lau, "The Contemporary Culture of Blame and The Festishization of The Modernist Mentality," *Current Sociology* 57(5), 2009, p. 662.

매우 짧은 특정 기간 동안 우주에 있는 모든 원자의 위치, 방향, 속도를 알고 있는 지성이라면 〔……〕 그가 지닌 만물 공식을 적절히 다룸으로써 〔모든 인간사의 의문에 대해〕 말해줄 수 있을 것이다. 천문학자들이 오랜 세월 후에 혜성이 우주의 심연에서 하늘에 모습을 드러낸 날이 언제인지를 예측하듯, 이 '지성'은 그리스도의 십자가가 소피아 성당에서 다시 빛을 발할 때는 언제〔인지를〕 〔……〕 방정식으로 읽어낼 것이다.[19]

고통과 역경과 불행이 우리에게 일어날 수 있다는 것을 받아들이기 힘든 세상이 되었다. 모든 것이 예견 가능하고 예방할 수 있음에도 불구하고 그런 일들이 계속 일어난다. 인지적으로 이해할 수 없다. 감정적으로 받아들일 수 없다. 도덕적으로 용납되지 않는다. 무책임한 누군가의 잘못이거나 악의에 찬 누군가가 의도적으로 만든 것이다. 자기 잘못을 숨기거나 그것으로 이익을 챙긴 자들이 있을 것이다. 예견과 예방 가능성에 대한 신념은 음모론의 비옥한 토양이다.

예견과 예방 가능성의 신념은 희생자의 순수함과 가해자의 사악함을 동시에 설명한다. 예견하고 예방할 수 있었던

---

19) 이언 해킹, 『우연을 길들이다: 통계는 어떻게 우연을 과학으로 만들었는가?』, 정혜경 옮김, 바다출판사, 2012. p. 298.

사건과 사고로 피해를 입은 희생자에게는 '보상'과 '복수'의 정당성을 키우고, 자신의 이익을 위해 사건과 사고를 만들어낸 가해자에게는 치죄의 사유가 제공된다. 모든 고통의 원인인 가해자는 악마다. 희생자 되기가 지지자 동원에 큰 힘이 된다면, 악마 만들기는 지지자의 직접 행동(투표, 시위, 폭력 등)의 동력이다. 악마 만들기 또는 "악마화"는 다른 집단을 악마로 간주하는 한 집단의 태도다.[20] 고통의 원인 제공자가 악마라는 말은 큰 위안과 면책과 동기를 부여한다. '고통이 나 또는 우리 때문이 아니야. 사악한 악마들의 계략 때문이야. 그들을 그냥 둘 수는 없어.' 이것보다 투쟁 의지를 불 지필 수 있는 정치 전략은 없다.

희생자 되기가 제공하는 전략적 특권과 악마 만들기가 북돋는 투쟁 의지는 모든 정치집단을 매혹한다. 많은 관찰자들은 미국의 현대 우파들이 이를 성공적으로 전략화했다고 본다.[21] 우파는 그럼 누구를 악마로 만들었을까? 종교의 영향력이 위축되면서, 이제 의심의 대상이 초월적인 것에서

---

20) Haim Omer·Nahi Alon·Arist von Schlippe, *Feindbilder. Psychologie der Dämonisierung*, 2nd edition, Göttingen: Vandenhoeck&Ruprecht, 2010, p. 13.

21) 프랭크 푸레디, 같은 책, p. 209; 토마스 프랭크, 『왜 가난한 사람들은 부자를 위해 투표하는가』, 김병순 옮김, 갈라파코스, 2012, p. 152; Wendy Brown, 같은 책, ch. 3; Lauren Langman, "Cycles of Contention: The Rise and Fall of The Tea Party," *Critical Sociology* 38(4), 2011, pp. 484~85.

현세적인 정치권력으로 전환되었다. 세상의 관리 책임을 신에게서 이어받은 세속적 권력자가 비난의 대상인 악마가 된다. 현대 우파의 특이성은 제 스스로를 악마화하면서 세력을 키운 점에 있다. 자신이 기득권자이면서도 자신을 반대하고 비판함으로써 세력을 키운다. 더 흥미로운 점은 그것이 아웃사이더에게 먹힌다는 것이다. 이것을 가능하게 한 정치 전략이 음모론이다. 현대 우파의 음모론은 희생자 되기와 악마 만들기를 성공적으로 절합했다.

앞서도 소개했던 1980년대 영국과 미국에서 등장한 권위주의적 포퓰리즘, 토마스 프랭크의 용어로는 '혁명적 보수주의자'들의 성공 비밀에 단서가 있다. 스스로 기득권자인 혁명적 보수주의자는 자신들이 서민들과 함께 "비주류이며 박해받는" "계급"이라고 선전한다.[22] 희생자 되기의 계급 담론을 통해 희생자 정체성을 선점한다.

보수주의자들은 스스로를 가증스러운 세계에 포위된 희생자로 이해해서 그들 주변에서 일어나는 일들에 대해 스스로 책임지지 않으려 한다. 그런 생각은 그들의 실패를 덮어주고 그들의 극도로 무책임한 분노를 정당화한다. 또한 그들은 그

---

22) 토마스 프랭크, 같은 책, p. 146, 153.

런 피해망상을 이용해서 정치 영역이나 사생활에서 발생한 모든 문제들에 대해 자신들이 아닌 외부 세계를 비난하거나 타락한 자유주의 엘리트들의 탓으로 돌린다.[23]

"보수주의자들은 멸시받고 짓밟히고 부당하게 무시당한 사람들이다. 그들은 언제나 희생자이지만 오만한 기성 권력에 맞서 저항하고 밑에서부터 봉기하는 사람들이다."[24] "어떤 상황에서나 자신들을" 희생자로 여기는 태도는 "그들의 자기인식의 핵심이며 세계관의 중심이다."[25] 위대한 착각 또는 상상된 희생자 정체성은 기득권자가 약자의 무기인 저항의 음모론을 활용할 수 있도록 허락한다. 통치와 저항의 음모론이 절합될 수 있도록 한다. 우리는 "부당하고 무자비하게 박해를 당하고 있다. 그러나 이제" 우리는 "당장 다른 모든 고통받는 집단과 함께 정의로운 삶을 누릴 수 있다."[26] 현대적 우파는 자신의 희생자 정체성을 성공적으로 어필하여 고통받는 자들과 상상적이지만 현실적(!)인 계급 연대에 성공했기에, 저항의 음모론을 활용할 수 있게 된 것이다.

---

23) 같은 책, pp. 200~201.
24) 같은 책, p. 152.
25) 토마스 프랭크, 『실패한 우파가 어떻게 승자가 되었나』, p. 160.
26) 토마스 프랭크, 『왜 가난한 사람들은 부자를 위해 투표하는가』, p. 199.

현대적 우파는 또한 정적을 악마로 만든다. 그들이 말하는 계급의 적, 교활하고 오만하고 비열한 적은 "라떼"[27]나 마시는 자유주의 엘리트다. 그들은 우리의 삶을 크고 작은 방식으로 끊임없이 지배하는 압제자다. 아무도 거기서 벗어날 수 없다. 그들은 대중 뉴스 매체와 연예계, 학계, 전문가 집단, 입법, 사법, 행정 관료 조직을 장악한, "쉽게 설명할 수 없는 매우 강력한 음모적 힘이며 뭔가 잘못되는 경우에도 아랑곳하지 않는다." 그것의 음모적이며 "위압적인 힘은 지나치게 과도하고 기괴하며 사람들이 통제당한다는 생각을 전혀 못하게 만들어서 무엇이든 거칠 것 없이 다 한다."[28]

보수적 정치집단은 희생자 정체성으로 표현되는 무기력감과 통제력 상실감을 정치적으로 착취한다. "우리의 행동 중 너무나도 많은 것이 우리의 통제 밖의 힘의 결과이기 때문에, 희생자로서의 우리의 경험은 새로운 중요성을 획득한다. 삶의 주체라기보다 객체로서의 경험은 어떤 것이 우리에게 행해지고 있다는 인식을 고양시킨다."[29] 말하자면, 희생자 지위는 '도덕적이며 감정적'으로 격상되지만, 통제력은 '실제적'으로 약화된다. 통제력 상실은 곧 소외다. 소외

27) 같은 책, p. 173.
28) 같은 책, p. 159.
29) 프랭크 푸레디, 같은 책, p. 207.

와 음모론의 관련을 최초로 주장한 사람은 프란츠 노이만이다. 그의 논의를 발전시킨 폴커 하인스에 따르면, 음모론에 대한 믿음, 세계를 지배하려는 '전능한 집단'의 존재에 대한 믿음은 소외에서 출발하지만 그에 못지않게 중요한 것은 "사회에 대한 무력감"이다.[30] 노동 과정에서 소외된 사람들이 느끼는 불안감은 지위 하락의 공포를 강화하고, 이에 변변한 대비책이 없는 사람들은 사회에 대한, 특히 정치적 결정 과정에 대한 무력감이 커진다. 그러한 반면에 희생자 의식은 격상된다. 현실과 기대의 괴리, 곧 '간극'이 더 커진다.

간극은 음모론의 최고의 무대다. 언제나 그렇듯 음모론은 간극을 채우기 위해 희생자인 자신을 특권화하고(희생자 되기) 악마를 소환한다. 2장에서 살펴본 바처럼 9·11과 관련된 두 가지 음모론, 곧 정통과 이단의 음모론은 모두 '예외적이고 특별한 희생자'를 특권화하고 '모든 비난받을 일'에 책임이 있는 '적'을 '비인간적이고 전능하며 절대적인 악의 현신'으로 악마화한다. 만약 특정 정치집단에게 그 악마를 호명할 자격이 있다면, 당연히 영광의 배역을 정적에게 선사할 것이다. 그럼으로써 지지율을 높이고 이익을 챙긴다. 자신의 몫인 폭로된 음모와 반박할 수 없는 실수와 참혹한

---

24) Volker Heins, "Critical Theory and The Traps of Conspiracy Thinking," *Philosophy & Social Criticism* 33(7), p. 794.

실패의 책임도 정적인 악마에게 선사한다. 그렇게 정치집단은 음모론을 이용하여 서민이 체험하는 간극의 고통을 착취한다.

음모론을 통한 간극의 정치적 착취는 문화적 의미의 세 요소에서 진행된다. 도덕적으로 착취한다. 정적은 물론이고 자신에게 동조하지 않는, 자신을 비판하고 의문을 제기하는 모든 세력은 악마다. 자신은 무조건 선하기에 모든 권리 요구와 행동은 정당하다. 서민들은 자신을 그냥 믿고 따르면 된다. 감정적으로 착취한다. 모든 잘못은 악마 탓이다. 간극으로 생긴 모든 안 좋은 감정, 무력감과 패배감, 시기심과 질투, 분노와 르상티망을 악마에게 돌림으로써 죄의식을 덜어주고(면책), 권능감empowerment을 부여하고(나도 뭔가 할 수 있어), 복수의 쾌감을 준다. 인지적으로 착취한다. 인과관계를 자신의 입맛대로 '창조'한다. 자신에게서 비롯한 모든 처참한 결과도 악마가 훼방했기 때문에 생긴 것이다. 만에 하나 음모가 폭로되어도 상관없다. 우리 편은 그것을 우연이나 실수(상황이론)나 악마의 공작(역逆음모론)으로 이해할 것이기 때문이다.

르상티망과 원흉의 인격화

희생자 되기와 악마 만들기의 결합은 희생자의 우월감을 통해서 가해자를 악마화하는 측면에 초점을 맞췄다. 그런데 양자는 순환 과정을 통해 서로를 촉진한다. 위에서는 희생자의 우월감이 가해자를 악마화하는 측면에 주력했다. 이제 반대편의 과정, 즉 가해자의 악마화가 희생자의 우월감을 높이는 측면을 살펴야 한다. 이를 르상티망을 중심으로 살펴보자. 르상티망은 음모론과 밀접히 결합해 있다. 리처드 세넷에 따르면 르상티망은 "음모의 아우라 속에서 형성된다."[31] 물론 아우라는 비합리적인 것이다. 하지만 상관없다. 비합리적일 수는 있어도 일상의 무능함의 토대 위에서 의미를 창조하는 방법이기 때문이다. 르상티망의 바탕에는 배신감이 깔려 있다. 민주주의를 표방하는 모든 국가에서 르상티망이 확대되고 있다.[32] 민주주의의 최고 원칙에 따르면, 권력은 아래에서 비롯한다고 하지만 현실은 그렇지 않다. 오히려 "엘리트가 아래의 민중을 배제하고 자기들끼리

---

31) 리처드 세넷, 『투게더: 다른 사람들과 함께 살아가기』, 김병화 옮김, 현암사, 2013, p. 92.

32) Bryan S. Turner, "Max Weber and The Spirit of Ressentment: The Nietzsche Legacy," *Journal of Classical Sociology* 11(1), pp. 75~92를 참조하라.

만 협력하는 쪽으로 기운 것으로 보"인다.[33] 협력은 공모의 순화된 표현이다. 공모자, 즉 음모자들에 대한 배신감은 르상티망을 키우고 결과적으로 음모론을 키운다.

르상티망은 본래 '비밀스런 앙심'이나 '강력한 혐오감'을 뜻하는 말이다. 프리드리히 니체와 막스 셸러는 이 감정을 지배자나 기득권자를 시기하는 약자들의 복수심으로 해석했다. 그들은 이를 경멸했다. 부귀와 권세를 누리는 자들을 시기하는, 부족한 자들이 느끼는 치사한 복수심. 그러나 파시즘을 겪으면서 르상티망의 의미는 확대되었다. 또는 방향이 바뀌었다. 르상티망은 강자가 아니라 자신보다 더 약한 자를 조준할 수도 있다. '강자—행복의 신정론—통치의 음모론', 그리고 '약자—고통의 신정론—저항의 음모론'의 전통적인 연결은 해체되었다. 원한은 이제 행복의 신정론과 통치의 음모론과 '자유롭게' 절합되어 강자가 아니라 자신과 비슷하거나 그보다 더 약한 자들, 즉 아웃사이더를 향한다. 외국인이나 소수자가 르상티망의 대상이 된다.

많은 사람들, 특히 지식인들은 르상티망을 혐오했다. 그 이유는 바로 위에서 말한 바와 같다. 약자들의 비겁한 복수심이기 때문이다. 어리석은 군중들의 광기이기 때문이다.

---

33) 리처드 세넷, 같은 책, p. 112.

그러나 이러한 평가는 부적절한 것이다. 르상티망은 단순한 복수심이나 광기가 아니라 부당함과 부정의를 바로잡으려는 서민의 감정이기 때문이다. 어떤 연구자들은 르상티망과 '정당한 분노'를 구분하기도 한다. 구분의 의도는 이해할 수 있다. 파시즘의 감정적 뿌리가 르상티망이라는 점에서 보면 이렇게 구분하는 의도를 이해할 수 있다. 하지만 이러한 구분은 자의적일 수밖에 없다. 결국 정당한 감정과 나쁜 감정을 가르는 것은 관찰자의 관점이기 때문이다. 이에 대해 자세히 논하는 것은 이 책의 주제를 벗어나는 일일 뿐 아니라 필자의 능력 밖의 일이다. 하지만 한 가지 사실은 짚고 넘어가겠다. 르상티망은 사회 변동의 동력이다.

베버는 "고통의 신정론을 르상티망의 원천"[34]으로 보았다. 부정적 특권층은 긍정적 특권층과 비교되는 자신들의 처지가 부당하다고 생각한다(4장 참조). 고통의 신정론은 그 부당함을 설명한다. 업적과 처지가 불일치하는 부당함, 이것이 르상티망을 키운다. 부당함과 부정의와 불평등에서 비롯한 르상티망은 사회적 지위 경쟁의 동력이다. 경쟁에서 뒤처지는 사람들은 르상티망을 느낀다. 그것은 특정인을 겨냥하기도 하지만 전체 판을 조준하기도 한다. 표적의 차이

---

34) Bryan S. Turner, 같은 책, p. 82.

는 있겠지만 부당함을 보상받고 부정의를 바로잡고 불평등을 줄이려는 행동, 그것은 르상티망이라는 감정적 에너지를 전제한다. 그것은 "개인이 행동하고 앞으로 나아가도록 한다."[35] 기존 질서에 만족하지 못하는 감정의 표현이기에 사회 변화의 동력이 되는 것이다.

르상티망의 사회적 뿌리는 지위 불안이다. "자신의 상황이 나빠지고 자신들이 누리던 예전의 이점들을 박탈당했다고 생각하는 사회집단들이 갖게 된 정의롭지 못하다는 느낌, 이것이 모이면서 집합적 르상티망이 생긴다."[36] 집합적인 좌절과 실망의 원인을 찾지 못하면, 이들의 삶은 무의미해질 것이다. 과거에는 르상티망이나 시기심이 규범적으로 관리되었다. 유교(칠거지악)나 기독교(7대 죄악) 모두 그랬다. 부당함과 부정의에 대한 관리되지 않는 감정은 사회질서의 유지에 장애가 된다.[37] 요컨대 감정 관리는 기존 질서를 유지하려는 노력이다. 규범적 관리가 한계에 부딪치면서 그 자리를 공론장이 이어받는다. 공론장은 불공정과 불평등

35) 같은 책, p. 76.
36) Robert Castel, *Die Stärkung des Sozialen. Leben im neuen Wohlfahrtsstaat*, Michael Tillmann(trans.), Hamburg: Hamburger Edition, 2005, p. 68.
37) 스테판 에셀(『분노하라!』, 임희근 옮김, 돌베개, 2011)의 "분노하라!"는 외침은 분노와 르상티망이 관리되어 기존 질서의 재생산에 아무런 위협도 되지 않는 상황을 문제 삼은 것이라 할 수 있다.

과 부정의가 토론되는 곳이다. 공론장의 쓸모는 이중적이다. 실제적인 문제 해결 방안을 제시하고 문제의 의미를 제공한다. 하지만 이제 텅 비어버린 공공 영역은 "좌절과 실망의 의미"[38]를 더 이상 제공하지 못한다. 정치나 이데올로기도—말할 것도 없이 과학도—마찬가지다. 그래서 집합적 르상티망에 사로잡힌 사람들은 책임자와 죄인을 필사적이고 절실하게 찾는다.

현 상황에 만족할 수 없으니 뭐라도 해야 하지 않을까? 그래, 반란이라도 일으키자. 막스 호르크하이머는 이런 모습을 "순응적 반란"으로 포착하려 했다.[39] 그런데 자신보다 힘센 자들을 공격하려니 무섭다. 자신보다 약한 자들, 곧 만만한 희생양이 필요하다. 가령 한국인 비정규직 노동자가 있다고 치자. 이들은 현실에 대해 불만이 매우 크다. 같은 일을 하면서 정규직보다 적은 임금을 받으니 당연하다. 불만을 풀 방법이 몇 가지 있다. 회사에 항의하는 것이다. 동일 노동, 동일 임금을 요구하면서 회사에 맞설 수 있다. 또는 정부에 항의하는 것이다. 지난 선거에서 공약했던 대로

---

38) David Morgan, "Pain: The Unrelieved Condition of Modernity," *European Journal of Social Theory* 5(3), 2002, p. 315.

39) Max Horkheimer, *Zur Kritik der instrumentellen Vernunft*, Frankfurt am Main, 2007.

'정규직 전환'을 시행하라고 요구할 수 있다. 하지만 회사나 정부에 항의하는 것은 위험하다. 비정규직이나마 잘릴 수 있고, 괜히 정부의 심기를 거슬러 '민간인 사찰'을 당할 수도 있다. 그래, 저놈들이다. 동남아에서 온 정규직 노동자! 그들을 공격하면서 원한이라도 풀자. 이것이 순응적 반란이다. 반란이되 기존 질서를 더 굳힌다. 문제의 원인—일 수 있는 것—은 논의되지도 공격되지도 않는다. '함께 싸워야 할 권력자들과 손을 잡는 비정규직' '이주노동자를 혐오하는 비정규직'과 같은 나쁜 평판은 잠재적 지지자들과 불화하도록 한다. 그럼으로써 비정규직 관행은 더 굳어져갈 수 있다. 사람들은 말한다. 외국인을 차별하면 안 된다고. 그들도 우리와 같은 노동자라고. 하지만 그게 나랑 무슨 상관인가? 내 불만과 원한을 풀 대상으로 저놈들이 안성맞춤이다. 반란을 저지르지만 안전하다. 터부를 깨지만 위협받지 않는다.[40] 나치 치하의 유대인 혐오자들, 일본의 재특회, 유럽과 미국의 인종주의자들, 한국의 '일베'는 전형적인 순응적 반

---

40) 클라우스 되레(Klaus Dörre, "Prekarisierung der Arbeitsgesellschaft. Ursache einer rechtspopulistischen Unterstromungen?," Peter Bathke·Susanne Spindler(eds.), Neoliberalismus und Rechtsextremismus in Europa, Zusammenhange–Widerspruche–Gegenstrategien, Berlin: Karl Dietz Verlag, 2006, p. 159)는 독일 시간제 노동자들이 외국인 정규직 노동자들을 공격하는 움직임들을 보여준다.

란자들이다.

순응적 반란자들의 감정인 르상티망은 개인적으로 경험하는 실패와 모욕의 원인으로 지목되는 자들을 향한 원한의 감정이다. 음모론은 르상티망의 사회적 '대운하'다. 요즘 전 세계의 대세는 통치 음모론인 듯하다. 그것은 집합적 르상티망을 기득권자가 아니라 그들이 설정한 음모집단에게 흐르도록 한다. 토마스 프랭크가 보기에 분노와 르상티망을 착취하는 음모론의 대가는 '보수 반동의 사상가들'이다.

보수 반동의 독자들은 [……] 학문적 엄격성이나 객관적인 경제적 이해관계보다는 일상생활 속에서의 좌절과 분노에 훨씬 더 주목하며 극도로 개인화된 정치에 관심을 갖는다. 보수 반동 사상가들은 이것을 잘 안다. 그래서 그들은 오늘날 매우 두드러진 정치적 분노를 유발하고 이러한 분노를 자연스럽게 다른 대상에게 전가하기 위한 정교한 논리 체계를 개발했다.[41]

정교한 논리 체계는 분노하는 서민들이 느끼는 고통의 책임을 타자 곧 희생양에게 전가한다. "부유하고 권력이 있고

---

41) 토마스 프랭크, 같은 책, p. 175.

서로 밀접하게 연결된 자유주의 계열의 미디어와 무신론 과학자, 밉상 맞은 동부의 엘리트들이 꼭두각시를 앞장세우고는 무수한 음모를 꾸며댄다고 주장한다." 물론 프랭크는 보수 반동이 주장하는 음모론이 오히려 진정한 "정치적 음모"라고 확신한다. 보수 반동의 "술책만큼 지금까지 미국 중산층의 이익을 완전히 거덜 낸 정치적 음모는 없었다." 왜냐하면 그 술책은 "부자를 더 부자로 만들"기 위해 사회적 약자들을 위해 존재하는 제도들—노동조합, 의료보험, 사회보험—을 지탱하는 "기존의 권력 구조"를 파괴하기 때문이다. 이를테면, "엘리트들에게 한 방 먹이"자고 선동하여 지지를 얻은 후에, 정작 하는 일은 "그 어느 때보다 소수에게 부가 집중"될 수 있도록 노동자에게서 권력을 빼앗고(노조파괴), "기업의 최고경영자들은 상상할 수 없을 정도로 많은 보상을 받는 그런 사회 체계를" 건설하는 것이다.[42)]

르상티망을 착취하는 음모론은 희생양을 통해 문제의 원인을 인격화한다(6장 참조). 고통과 원한의 이유가 사람의 모습으로 내 앞에 선다. 복잡하고 알 수 없는 고차원적인 구조의 논리가 아니라 확인할 수 있는 사람의 모습으로 원인이 보인다. 아도르노는 이를 '고정관념'이라고 표현한다.

---

42) 같은 책, p. 17.

고정관념은 복잡하고 쉽게 이해할 수 없는 "사회적·경제적 과정, 정치적 프로그램, 내외부의 긴장들을 어떤 경우이든 확인할 수 있는 사람들을 통해서 묘사"해준다.[43] 원인의 인격화를 프란츠 노이만은 "잘못된 구체성으로 나타나는 역사의 이미지" 또는 역사 상像으로 표현했다.[44] 역사적 흐름을 지도자나 적을 통해 파악하는 것이다. 그래서 역사는 특정한 사람이나 집단의 의도 혹은 행동의 결과가 된다. 당연히 르상티망과 불만과 두려움은 모든 것을 책임질 바로 그 인격에 집중할 수밖에 없다. 노이만은 잘못된 구체성의 역사 상이 음모론을 완성한다고 보았다.

한때 간극은 주도권을 쥔 정치 세력에게 큰 도전이었다. 간극에서 비롯한 르상티망과 분노와 불만과 비판이 자신의 정당성을 훼손했기 때문이다. 그러나 음모론의 정치 전략을 지배하는, 그럼으로써 감정을 관리할 수 있는 자들은 간극을 두려워할 이유가 없다. 오히려 정당성의 근거를 제공하기 때문이다. 지배하고 관리하는 자들은 그렇게 세상에 대한 독특한 관점을 정립해간다. 바로 "악마적 관점demonic

---

43) Theodor W. Adorno, *Studien zum autoritären Charakter*, Frankfurt am Main: Suhrkamp, 1995, p. 190.

44) Franz L. Neumann, "Angst und Politik," Franz L. Neumann und Alfons Söllner(eds.), *Wirtschaft, Staat, Demokratie. Aufsätze 1930~1954*, Berlin: Suhrkamp, 1978, p. 445.

view"[45]이다. 악마적 관점은 음모론의 정치 전략이 횡행함으로써 지불해야 하는 첫번째 치명적인 비용이다.

---

45) Haim Omer·Nahi Alon·Arist von Schlippe, 같은 책.

8장

음모론적 정치 스타일의 비용

악마적 관점

정적을 이기기 위해 대중적 지지와 정당성을 확보하기 위한 갈등을 벌이는 것, 이것은 모든 정치 세력의 운명이다. 따라서 정치가들이 특정한 정치 전략을 활용하는 것은 당연하다. 그런데 음모론과 결합된 정치 전략은 정치적 갈등을 경쟁의 차원을 넘어선 심각한 상태, 가령 투쟁이나 전쟁으로 발전시킬 수 있다. 다른 정치집단과 관계 맺는 방식을 크게 세 가지, 즉 경쟁, 투쟁, 전쟁으로 나눌 수 있다. 각 방식은 자기 자신과 상대방에 대한 정치적 인식(정치학자들은 이를 '정치적 지각political perception'이라 칭한다)의 차이를 보여준다.

	경쟁	투쟁	전쟁
갈등의 인식	승리-패배 (경쟁자와 공정한 협약 가능)	승리-패배 (협박 전략으로 강화)	'너 죽고 나 죽자'도 감수 (폭력을 갈등 해결의 수단으로 인식하고 군사적 가치 강조)
목표	자신의 권리와 욕구에 집중	자신의 권리와 욕구를 강조하면서 적의 요구는 의문시	자신의 권리와 욕구를 이상화하고 적의 요구는 부당하고 사악한 것으로 간주
행동 전략	자신의 행동에 집중	자신의 행동을 정당화하고 적의 행동에 고정관념	자신의 행동은 이상화하고 적의 행동은 악마화
상대방 이미지	경쟁자	정적	원수, 악마

〈표 4〉 갈등이 확대, 심화되는 과정에서 나타나는 지각의 변화[1]

먼저 경쟁이다. 경쟁의 당사자들은 "승리-패배"의 문제로 사태를 인식한다. 목표는 자신의 권리의 신장이나 욕구의 충족이다. 아직까지 상대는 경쟁자일 뿐이다. 자신의 이익을 증진시킬 수 있다면 경쟁자와 협정과 타협이 가능하다. 하지만 경쟁이 치열해지면서 조금씩 변화한다. 투쟁에 이르

---

1) Wilhelm Kempf, "Konstruktive Konfliktberichterstattung. Ein sozial-psychologisches Forschung- und Entwicklungsprogramm," *Conflict & com munication online* 2(2), 2003, pp. 1~15. http://www.cco.regener-online. de/2003_2/pdf_2003_2/kempf_dt.pdf의 내용을 수정, 보완하여 표로 재구성 했다.

면, 자신의 입장에만 집착하고, 자신의 권리와 목표가 위협받고 훼손된다는 믿음 속에서 상대방을 불신하며, 상대방과 함께함으로써 얻을 수 있는 이익에 대해서도 눈과 귀를 닫는다. 두 당사자는 서로 상처받았다고 느끼며, 더 큰 상처를 받을 수 있다는 두려움에 떤다. 경쟁에서 다툼의 목표가 대상의 획득이었다면, 이제 목표는 상대방을 짓밟는 것이다. 상대는 이제 적이다. 적대적인 상대방에게 최소한 내가 받은 만큼 상처를 주려 하며, 그들의 권리를 부정하고, 적의 권리와 목표와 충돌하는 자신의 행동을 정당화한다. 갈등의 마지막 단계인 전쟁에서는 정적을 항복시키기 위해 무력(전쟁이나 테러)이 활용된다. 자신의 권리와 이해와 의도 등 모든 것이 이상화되며, 적의 위험성은 절대적인 것이 된다. 상대는 원수이자 악마이자 인간이 아닌 존재다. 타협은 없다. 그들의 궤멸만이 목표다. 전쟁으로 얻을 이익이 있다면 좋지만 없어도 상관없다. 아니, 내가 죽더라도 너를 없앨 수 있다면 감수하겠다.

하임 오머, 나이 알론, 그리고 아리스트 폰 슐리페는 갈등의 전쟁 단계에서 지배적인 관점을 "악마적 관점"이라 부른다.[2] 그들은 관점view을 "문화적 인식이론의 한 형식"로

---

2) Haim Omer·Nahi Alon·Arist von Schlippe, *Feindbilder. Psychologie der Dämonisierung*, 2nd edition, Göttingen: Vandenhoeck&Ruprecht, 2010, p. 16.

본다. 이들은 스키마schema나 정신적 지도라고도 할 수 있는 문화적 인식이론이 문화적 전통과 "언어를 활용하며 사는 존재In-Sprache-Sein"[3]라는 인간의 특성이 교차되는 지점에서 취득된다고 생각한다. 문화의 "뿌리와 전제"는 인간의 모든 감각과 생각에 영향을 미친다. 인간은 현실을 직접적으로 대면하지 않는다. 문화를 통해서만 대면한다. 그리고 인간에게 가장 큰 영향을 미친 문화적 발명품은 종교다.

　종교는 "인간에 대해, 영혼에 대해, 그리고 고통과 불행의 이유에 대해" 설명한다.[4] 즉 신정론은—이들이 이 용어를 쓰지는 않는다—인간적 문화의 뿌리이며 전제다. 그들은 사회심리학자로서 다음과 같이 주장한다. 신정론이 힘을 잃은 이후 다른 세속적 이론들과 함께 심리학이 그 자리를 점했다. 인간 심리에 기초한 악마적 시각은 근대인의 사고와 행위에 영향을 미치고, 공론장에서 다른 이들과의 관계를 인식하는 데 많은 영향을 미치며, 언론은 그것을 보도하면서 살아간다. 악마적 관점의 최고 매력은 그것의 단순성과 간편성으로, 특히 사람들로 하여금 자신이 좋은 편에 선다고 믿도록 해준다는 것이다. 눈치 빠른 독자라면 여기서 악마적 관점과 음모론의 보편적 형식(6장 참조)과의 유사성

――――――――――

3) 같은 책, p. 42.
4) 같은 책, p. 43.

을 발견할 수 있을 것이다. 악마적 관점은 7가지 항목으로 정리된다.

(1) 모든 고통은 악에서 비롯한다.

(2) 타인은 생소하며 가면을 쓴 존재다.

(3) 이미 잃어버린 것처럼 보이는 행복을 다시 찾을 수 있다.

(4) 고통의 원인들은 깊숙이 숨겨져 있다.

(5) 숨겨진 악의 세력을 폭로하기 위해서는 특별한 종류의 지식이 필요하다.

(6) 문제 해결의 전제 조건은 악마—그가 지은 죄—의 참회다.

(7) 궁극적 문제 해결은 숨겨진 악의 무리를 박멸하는 것이다.

위 항목들은 지금껏 음모론에 대해서 말한 바와 대부분 일치하기에 설명을 덧붙이지는 않겠다. 소홀히 한 점이 있다면 (6)인데, 앞서 언급했던 레오 탁실이 두 번에 걸친 참회(또는 내부고발)를 통해—처음에는 프리메이슨을 공격하며 자신의 과거를 참회했고, 두번째는 그 공격이 가톨릭교회의 사주였음을 고백했다—음모론자의 최고 반열에 섰다는 점만 밝히겠다.

　지금껏 우리는 음모론의 정치적 쓸모와 정치 전략으로서의 음모론, 통칭해서 음모론적 정치 스타일이 갈등을 전쟁으로 심화시키는 양상과, 전쟁 단계에서 채택되는 '문화적 인식이론'인 악마적 관점을 살폈다. 정리하면 이렇다. 정치 전략으로 쓰이는 음모론은 세 가지 경쟁적 이점을 제공한다. 비판에 면역이 되게 만들고, 희생자 되기의 전략적 특권을 제공하고, 악마 만들기를 통해 희생양을 만들어 르상티망을 정치적으로 착취하도록 한다. 정치 세력은 기꺼이 희생자가 되어—물론 상상적으로만—지지자의 마음을 취하고, 정적을 악마로 만들어 모든 불만과 고통의 책임을 그들에게 전가하면서도, 비판과 책임에서 자유로운 상태에 도달하고자 한다. 이것은 모든 정치집단의 유토피아다. 그런데 음모론적 정치 전략들은 상대방의 지위와 다툼의 성격을 변화시킨다. 상대방은 경쟁자에서 투쟁의 상대를 거쳐 악마로 성장한다. 애초 다툼의 목표는 승리함으로써 얻게 되는 이익이었지만, 이제 투쟁을 거쳐 전쟁이 되면서 이익은 부차적인 사안이 되고 궁극적인 목표는 원수의 박멸이 된다. 이익을 취하려는 경쟁이 생존의 싸움이 된 상황, 특정 사안과 관련해서 경쟁했지만 다른 사안에서는 협력하여 공통의 이익을 추구했던 상대가 이제는 무섭고 혐오스러운 악마가

되어버린 상태. 음모론을 전략으로 채택함으로써 지불해야 하는 비용이 너무 벅차다.[5]

민주주의를 훼손하는 국가범죄

음모론을 정치 전략으로 채택함으로써 추가로 지불해야 할 비용이 두 가지 있다. '민주주의의 파괴'와 '책임의 위기'이다. 음모론을 주된 정치 전략으로 삼으면서 얻을 수 있는 정치집단의 가장 큰 이익은 감시와 견제를 받지 않는 권력이 될 수 있다는 것이다. 내가 무슨 일을 해도 변치 않는 지지자들('우리가 남이가')과 모든 책임과 비난을 돌릴 수 있는 사악한 정적들(유대인, 종북 세력)을 만들어줌으로써 모든 의혹과 비판과 비난에서 나를 자유롭게 하는 면역력('나는 국정원에 진 빚이 없습니다')을 키워준다. 책임지지 않고 견제받지 않는 자의적 권력은 민주주의를 훼손하는 '적'이

---

5) 임지현과 이상록은 한국의 좌파와 우파가 "악마론적 코드를 공유"한다고 지적한다. 임지현·이상록, 「대중독재와 포스트 파시즘: 조희연 교수의 비판에 부쳐」, 임지현·김용우 엮음, 『대중독재 2』, 책세상, 2005, p. 476. 논쟁의 반대편에 있는 조희연 역시 이 점에 대해서는 동의한다. 조희연, 「박정희 체제의 복합성과 모순성: 임지현 등의 반론에 대한 재반론」, 같은 책, p. 520. 이는 한국의 음모론적 정치 전략의 심각성을 잘 보여주는 지적이다.

다. 그런 권력은 거리낌 없이 범죄를 저지른다. 즉 "민주주의를 파괴하는 국가범죄state crimes against democracy"를 자행한다.[6]

이런 유형의 국가범죄는 다른 형식의 정치적 범죄, 가령 '일상적인' 부정부패와 다르다. 국가범죄는 "정치적 제도나 전체 정부를 전복할 수 있는 잠재력"을 지닌 것으로, "민주주의 자체를 공격하는 고도의 범죄다."[7] 민주주의를 파괴하는 국가범죄는 "정부의 고위 관계자들이 민주주의 과정을 조작하거나 국민주권을 파괴하려는 의도로 조율된 행동을 하거나 방관하는"[8] 식으로 이루어진다. "조율된 행위"의 예로는 "선거 결과의 부당 변경, 투표 사기, 매관매직, 정치적 암살" 또는 국가 기관의 선거 개입, 그리고 "더 섬세한 위반," 가령—이것들은 한국에서'도' 있었던 일인데—특정 정당 우세 지역에서 투표 장소를 갑자기 변경하거나 투표 기계를 충분히 공급하지 않는 따위가 있다. "방관"도 역시 범죄다. 사정 기관이 국가의 범죄 행위를 발견했음에도

---

6) Lance deHaven-Smith, "Beyond Conspiracy Theory: Patterns of High Crime in American Government," *American Behavioral Scientist* 53(6), 2010, p. 796

7) 같은 책, p. 796.

8) Lance deHaven-Smith, "When Political Crimes Are inside Jobs: Detecting State Crimes against Democracy," *Administrative Theory & Praxis* 28(3), 2006, p. 333.

이를 '개인적 일탈'로 치부하는 식으로 면책하거나, 아무런 법적 조치를 취하는 않고 "방관"하는 것이다.

이 용어를 최초로 사용한 랜스 드헤븐-스미스는 민주주의를 훼손하는 국가의 범죄를 고발하는 음모론, 더 정확히 말하면 저항의 음모론을 '국가범죄'라는 용어로 대체해야 한다고 주장한다. 목적은 분명하다. 음모론이라는 낙인이—앞서 말한 "비판 면역 전략"을 통해서—국가범죄를 의심하고 추적하고 고발하는 근간과 동력을 훼손하기 때문이다. 칼 로브로 추정되는 인물의 이야기를 앞서 인용했지만, 다시 반복하겠다. "우리가 이제 제국"이고, 우리가 행동할 때 우리의 "현실을 창조한다." 우리는 "역사의 주역들"이다. 신의 자리를 차지한 '제국'은 분명 현실과 진리를 창조하지는 못할 것이다. 그러나 최소한 거짓 음모론과 현실의 경계를 자의적으로 조정할 수는 있을 것이다. 무엇을 믿어야 하며 무엇을 믿지 말아야 할지를 강제할 수 있다. 이 때문에 제국과 역사의 주역을 겨냥하는 비판은 어렵고 인정받기도 힘들다. 가장 큰 어려움은 비밀에 접근할 수 없다는 사실과 효과적인 비판 면역 전략에서 비롯한다.

미합중국에서는, 비밀로 분류되는 공식 문서의 숫자가 1996년 600만 건이 채 안 됐으나 2004년에는 1600만 건에 달할 정도로 늘었다. 반면 비밀 취급이 해제되어 공개되는 문서의 양은 매년 80% 이상씩 줄고 있다. 이제는 기초적인 정보를 '민감한' 정보라고 타성적으로 부르면서 대중에게 공개하지 않는다.[9]

한국의 사정은 미국과 사뭇 다른 듯하다. 예컨대 이명박 전 대통령은 '비밀기록물'을 단 한 건도 남기지 않았다. 이렇게 비밀기록이 없다는 것을 이렇게 해석할 수 있다. 자신의 자취를 남기지 않겠다는 청결한 배려 또는 투명한 국정운영의 결과. 후자와 같은 해석은 다음의 증거로 더 단단해진다. 이명박 전 대통령이 남긴 전체 기록물의 양이 전임자보다 많았다. 노무현 전 대통령의 이관 문서는 755만 건이었지만, 이명박 전 대통령은 1088만 건이나 되었다. 국정운영의 과정을 투명하게 공개했기에 기록물의 양이 늘어난 것이다. 이로써 판단하자면, 미국과 달리 한국의 비밀주의는 약화되었다. 물론 전혀 반대로 읽을 수 있다. 참여정부는 비밀기록물을 9700건 정도 남겼지만, 이명박 정부는 단한 건도 남기지 않았다. 이런 행위는 비밀기록물의 취지, 곧 비밀로 분류되는 중요 기록들을 다음 정부에 넘김으로써

---

9) 리오 파니치·콜린 레이스, 「서문」, 테리 이글턴 외(편), 『진실 말하기: 권력은 국민을 어떻게 속여 왔는가?』, 신기섭 옮김, 길무리, 2006, p. 8.

"국정 운영의 투명성과 책임성을 높이고 후임 정부가 이전 정부의 기록을 국정 운영에 활용할 수 있"[10]도록 하는 취지를 훼손했다는 점에서 문제다. 그런데 문득 드는 생각. 혹시 더한 일이 있었던 것은 아니었을까? 가령 "관련 자료의 조직적 파기" 같은 일들?[11]

실제로 이명박 정부가 주도한 대형 국책 사업에서 공문서의 조직적 파기가 있었다. 최근 밝혀진 바만 보더라도, 국토교통부는 오랫동안 '4대강 살리기 사업'으로 포장되어 있었지만 이제 '대운하 사업'으로 밝혀진──사회적 인정 여부에 따라 정통과 이단 음모론이 구분됨을 여기서도 확인할 수 있다──사업 문건을 대량 파기한 후에 감사원의 자료 제출 요구에 불응했다. 이에 감사원은 컴퓨터를 압수하여 데이터를 복원했는데 조직적 자료 폐기의 증거물이 대량으로 발견되었다. 지난 몇 년 동안 대운하 사업에 대한 의혹과 비판은 음모론으로 낙인찍혔다. 전혀 '창조적'이지 않은 전형적인 비판 면역 전략이다. 그리고 이제 실제 음모

---

10) 「대통령기록물 관리 시스템 체계화하라」, 『서울경제』, 2013년 7월 26일자. http://economy.hankooki.com/lpage/opinion/201307/e2013072617541548010. htm

11) 권민철, 「MB정부, 대운하사업 문건 대량파기…… 컴퓨터 복원하자 '와르르'」, 『노컷뉴스』, 2013년 7월 31일자. http://www.nocutnews.co.kr/Show. asp?IDX=2571646

로 '판명'되었다. 과한 표현이 아니다. '무려' 감사원의 감사 결과다.[12] 외부에는 4대강 사업으로 알리고, 내부적으로는 대운하 사업을 추진했다. 이것은 비밀주의 수준이 아니다. 공문서를 파기한 국가범죄다. 민주주의를 파괴하는 국가범죄다.

책임의 위기

세번째로 치러야 하는 비용은 책임의 위기다. 고도로 복잡한 현대 사회가 가져온 여러 변화 중 하나는 거대 위험기술이 필연적으로 가져오는 부작용의 책임을 따지기 어렵다는 것이다. 책임의 소재지가 불명확하기 때문이다. 울리히 벡은 이를 "조직화된 무책임성"[13]이라 불렀다. 원자력 발전소 사고의 경우를 생각해보자. 우리는 먼저 운영 주체의 책임을 물을 수 있다. 그러면 운영 주체는 이렇게 말한다. '기술 안정성이 문제다.' 그러면 공은 과학자에게—이를 사회

---

12) 조태임, 「'남탓만 한' 감사원, 부실감사엔 거짓해명」, 『노컷뉴스』, 2014년 7월 9일자. http://m.nocutnews.co.kr/news/4055775

13) Ulrich Beck, *Gegengifte. die organisierte Unverantwortlichkeit*, Frankfurt am Main: Suhrkamp, 1988.

과학자들은 '책임의 외부화externalization'라 부른다—넘어간다. 과학자는 답한다. '그게 왜 우리 잘못이냐. 우리는 안전성을 일정 수준으로 끌어올린 것이지 완전한 안전을 보장하지는 않았다. 이를 허가한 감독 기관이 문제다.' 정부는 바로 반격한다. '이윤을 위해 무리하게 운영한 기업이 문제다.' 이렇게 공은 계속 돈다. 누구도 책임지려 하지 않는다. 이것이 조직화된 무책임성이다. 중요한 결정들이 어디서 내려졌는지 드러나지 않는다. 따라서 책임을 물을 수 없거나 묻기 어렵다. 후쿠시마 원자력 사태를 보라. 사고가 생겼는데 아무도 책임지지 않는다. 우리를 고통에 빠뜨린 일이 벌어졌는데 누구에게도 책임을 물을 수 없다. 책임이 위기에 처했다!

울리히 벡이 말한 조직화된 무책임성은 사회학에서 주로 분석 대상으로 삼는 '사회학적 현실'인 기능분화 사회의 특성이다. 사회의 각 체계, 가령 경제, 과학, 정치는 자신의 담당 영역을 넘어서는 문제의 부작용에 적절히 대처할 수 없다는 것이다. 이것은 매우 중요한 관찰이지만 여기서 밝혀내려는 원인과는 거리가 있기 때문에 우리는 라이트 밀즈가 관찰한 바에 기댈 것이다. 1954년에 밀즈는 이렇게 썼다. "우리는 저 높은 곳에서 무책임성이 조직화되었다고 느낀다. 특히 우리 시대의 역사적 결정을 내리는 사람들은 책임을 지려 하지 않는다."[14] 2008년 글로벌 금융위기가 이를 잘 보여준다. 처음에는 크게 들썩였다. 자본주의가 변화하리라는 전망도 있었고, 자본주의의 고삐를 제거하는 데혁혁한 '공로'를 세운 미국의 우파들이 반성할 것이라는 진단도 있었다. 은행가들이 대거 투옥될 것이라는 예측도 있었다. 예측은 벗어났고, 진단은 틀렸고, 전망도 어긋났다. 금융위기는 조촐하게 마무리되었고 다시 예전으로 돌아왔다.[15] 다큐멘터리 「인사이드 잡」으로 2011년 아카데미상을받았던 영화감독 찰스 퍼거슨은 분통을 터뜨렸다. "금융위기는 피할 수 있었던 재난이었다. 게다가 20조 달러 이상의손실을 입힌 거대한 사기극이었다. 그럼에도 불구하고 3년이 지난 지금까지 아무도 감옥에 가지 않았다."[16]

물론 논쟁이 없었던 것은 아니다. 2008년 위기의 책임을

14) C. Wright Mills, *Letters and Autobiographical Writings*, Kathryn Mills with Pamela Mills(eds.), Berkeley: University of California Press, 2000, p. 185.

15) 불평등에 한정해서 말하면 상황이 더 심화되었을 수 있다. 예컨대 미국의 소득 불평등은 더 악화되었다. 2012년 상위 1%의 소득이 전체의 22.2%, 상위 1%의 소득이 48.2%를 기록했다(이혜진, 「미국인 소득격차 대공황 이래 최악」, 『서울경제』, 2013년 9월 11일자. http://economy.hankooki.com/lpage/worldecono/201309/e2013091117572369760.htm). 금융위기 이전보다, 아니 대공황(1928년) 때보다 더 심해진 것이다.

16) 박호열, 「100만 명이 이 영화 보면 '정권교체' 됩니다」, 『오마이뉴스』, 2011년 5월 24일자. http://www.ohmynews.com/NWS_Web/view/at_pg.aspx?CNTN_CD=A0001569072

묻는 논쟁에 두 가지 이야기 모델이 등장한다.[17] 하나는 악당 스토리다. '은행가들이 악당이며 그들이 세계를 도산시켰다.' 다른 하나는 희생자 스토리다. '은행가들은 금융 쓰나미의 희생자일 뿐이다.' 희생자 스토리는 사건을 자연화한다. 금융위기가 마치 쓰나미처럼 일어났다는 것이다. 금융위기는 인간이 어찌할 수 없는 "자연재해"와 같은 것이며, "시장"이라는 대자연에서 통상 있는 일일 뿐이다.[18] 따라서 개인, 특히 은행가들에게 책임을 물을 수 없다. 이를 받아들이면 '탐욕스러운 은행가'라는 비난도 수그러든다. 탐욕은 인간의 자연적 성정이기 때문이다. 은행가만 탐욕스러운가, 너희는 어떤가, 우리 모두 그렇지 않은가. 탐욕을 문제 삼는 것은 적절하지도 않고 치사하기까지 한 일이다. 금융위기의 원인이 자연의 영역으로 밀려나면서, 책임도 함께 밀려갔다. 무책임성이 조직적 노력의 결과만은 아니다. 구조적 결과이기도 한 것이다.

일반적으로 정부 관계자들은 악당 스토리를 밀었고, 친금

---

17) Andrea Whittle·Frank Mueller, "Bankers in The Dock: Moral Stroytelling in Action," *Human Relations* 65(1), 2012, pp. 111~39.

18) Claudia Honegger·Sighad Neckel·Chantal Magnin, "Sturkturierte Verantwortungslosigkeit," Claudia Honegger·Sighard Neckel·Chantal Magnin(eds.), *Strukturierte Verantwortungslosigkeit. Berichte aus der Bankenwelt*, Frankfurt am Main: Suhrkamp, 2010, p. 306.

융자본 측은 희생자 스토리를 밀었다. 승리는 후자의 것이었지만, 어쨌든 논쟁은 비난 게임blame game이 되었다. 그토록 중대한 사건의 원인을 가리고 책임을 다투는 일이 한갓 게임, 관련자들이 문제의 책임을 인정치 않고 서로 비난하면서 책임을 전가하는 비난 게임으로 전락했다는 사실은 매우 의미심장하다. 공론장에 진중하고 '책임 있는' 토론의 자리는 없다. 그냥 게임이 있을 뿐이다.

밀즈와 벡의 견해는 서로 조금 다르지만 한 가지 점에서 일치한다. 바로 책임의 위기다. 책임질 일은 생기는데 아무도 책임지지 않는다. 책임의 위기는 민주주의를 파괴한다. 원인을 따지고 책임을 묻는 것은 민주주의적 시민권의 근본 요소다. 정부나 경제와 같은 거대 권력을 효과적으로 통제하기 위해서 시민은 그들이 무슨 일을 하고 다니는지를 알아야 한다. 또한 그들의 행동에 대해 상(신용, 신뢰)을 주거나 비판할 수 있어야 한다. 원인과 책임을 묻고 따져서 나쁜 일은 더 이상 일어나지 않도록, 좋은 일은 자꾸 일어나도록 만들어야 한다. 그러나 조직화된 무책임성은 '권력에 수반하는 책임,' 곧 권력과 책임의 고리를 끊었다. 권력은 자신에게 면책특권을 부여했다. 책임은 자연적 영역—가령 금융의 쓰나미—으로 넘어가고, 권리는 특정 사회적 영역에만—기득권자의 권리, 즉 특권—남기면서 민주주의적 시민권의 행사를 구조적으로 방해한다. 자신들이 행한 바를 비밀로 하고 이에 접근할 수 없도록 하거나(앞서 말한 "비밀주의"의 확대), 책임을 물으려는 행위를 비난 게임으로 희화화하거나, 인간학적 속성으로서의 탐욕과 시장의 자연법칙을 거론하면서 책임을 외부화한다.

밀즈는 기득권자의 조직화되고 구조화된 무책임성이 점점 크게 느껴진다고 말한 다음 바로 덧붙인다. "그러나 우리를 더 아프게 하는 것은 [……] 저 아래에서" 고통을 받는 사람들이 "권력을 쥔 자들에게 현실적인 요구조차 할 수 없다"는 점이다. 그들에게는 그러한 요구를 이끌 "지도자도, 저항의 이념"도 없다.[19] 안타깝게도 현 상황은 밀즈의 시대보다 더 악화되었다. 과거나 지금이나 지도자와 저항의 이념이 없다는 점에서는 변화가 없다. 상황이 더 악화된 이유는 다른 곳에 있다. 오늘날 책임은 매우 중요한 "지배 테크닉"으로 변모하였다.[20] 과거 엄격한 관료제에서 일해야 했던 사람들은 억압하는 조직과 규율을 저주했고, 대신 스스로 책임지기를 원했다. 그렇게 쟁취한, 또는 허락된 책임은 그러나 '또 다른 방식으로' 그들을 지배한다. 관료제

---

19) C. Wright Mills, 같은 책, p. 185.
20) Walter Reese-Schäfer, *Das überforderte Selbst. Globalisierungsdruck und Verantwortungslast*, Hamburg: Merus, 2007, p. 32.

가 주던 모든 안전장치를 '따분하다면서' 자발적으로 제거한 채 성과를, 즉 이윤이나 성적이나 논문(책)이나 범죄 검거나 불량식품 단속과 같은 성과를 내야 하며, 그 책임을 스스로 져야 한다. 무한히 증가하는 "책임이 버거워진 개인은 병"에 시달리게 되었다.[21] 최근 우울증과 소진증후군이 급속히 늘어난 것은 결코 우연이 아니다.[22] 그래서 개인들은 "책임으로부터 도피"[23]를 모색하지만, 그것이 누구에게나 허락되지는 않는다.

뚜렷이 대비된다. 서민은 과중한 책임에 시달리고, 기득권자는 조직적이고 구조적으로 면책의 특권을 누린다. 서민은 책임을 다하지 못한 자신의 불충분함을 탓하며 괴로워하지만, 기득권자는 책임에서 자유로운 특권을 누린다. 책임의 독재에 시달리는 무력한 자는 책임을 상상적으로 부정하고, 기득권자는 조직적이며 구조적으로 면책특권을 누리면서 책임은 위기에 처했다. 위기에 처한 책임을 구원하는 일

21) Alain Ehrenberg, *Das erschöpfte Selbst. Depression und Gesellschaft in der Gegenwart*, Maunuela und Martin Lenzen(trans.), Frankfurt am Main: Campus, 2004, p. 277.

22) 한병철, 『피로사회』, 김태환 옮김, 문학과지성사, 2012, pp. 11~12.

23) Klaus Günther, "Zwischen Ermächtigung und Disziplinierung. Verantwortung im gegenwärtigen Kapitalismus," Axel Honneth(ed.), *Befreiung aus der Mündigkeit. Paradoxien des gegenwärtigen Kapitalismus*, Frankfurt am Main: Campus, 2004, p. 135.

은 음모론의 몫이다. 상상적 해결책인 음모론은 복잡한 문제를 간명하게 밝히고 책임자를 명확히 보여준다. 모든 문제는 '그들'의 책임이다! '그들'은 속이 텅 빈 기표다. 누구나 나름대로 그 내용을 채울 수 있다. 고통받는 자들은 르상티망과 증오와 분노를 '그들'에게 분출함으로써 책임의 독재에 저항한다. 행복한 자들은 '그들'을 앞세워 면책특권을 은폐한다. 그렇게 우리 모두는 음모론에 열광한다. 그렇게 책임의 위기는 더 깊어간다.

책임의 위기에서 비롯한, 그리고 그것의 원인이기도 한 비난 문화는 음모론을 활성하는 기폭제다. 비난은 "나쁘거나 잘못된 것으로 간주되는 바를 어떤 사람이나 단위에게 귀인하는 행동"[24]이다. 비난 문화는 앞서 소개한 '예견과 예방 가능성'의 신념이 확산된 문화적 조건이자 결과라 할 수 있다.[25] 비난 문화에서 우연은 없다. 어떤 사고가 발생하면, 피해자가 아닌 다른 누군가가 비난받아야 마땅하다. 예견과 예방의 의무를 소홀히 한 자들이 비난받아야 한다. 이러한 신념에 기초한 극단적 합리주의는 개인이 담당해야 할 책임

---

24) Christopher Hood, *The Blame Game: Spin, Bureaucracy, and Self-preservation in Government*, Princeton University Press, 2011, p. 6.

25) Raymond W. K. Lau, "The Contemporary Culture of Blame and The Festishization of The Modernist Mentality," *Current Sociology* 57(5), 2009, p. 662.

의 몫을 사회 일반의 안녕을 위해 필요한 예견과 예방 조치의 담당자—공적 기관과 그와 연관된 조직의 담당자—에게 전가한다.

고통과 역경과 불행이 우리에게 일어날 수 있다는 것을 받아들이기 힘든 세상이 되었다. 모든 것이 예견 가능하고 예방할 수 있음에도 불구하고 그런 일들이 계속 일어난다. 이해할 수도, 감정적으로 받아들일 수도, 도덕적으로 용납할 수도 없다. 이런 의미 공백을 채우려는 다양한 시도가 있다. 사회학자들은 사회나 구조나 체계로, 생물학자들은 DNA로, 경제학자들은 시장(의 섭리)으로, 종교는—다시금—신의 섭리로 채운다. 음모론도 당당한 경쟁자로서 이 싸움에 참여하여 의미의 공백을 음모집단으로 채운다.

음모론의 미덕은 이것이다. 복잡하지 않게 간명하게 선언한다. 네 고통은 무책임한 누군가의 잘못이거나 악의에 찬 누군가가 의도한 것이다. 자기 잘못을 숨기거나 그것으로 이익을 챙긴 자들이 있을 것이다. 무조건 책임을 물을 자들이 있어야만 한다. 비난할 대상이 있어야 한다. 그렇지 않다면, 내 잘못을 인정해야 하는데 그것은 힘들고 버겁고 위험한 일이다. 이미 많은 것을 잃은 아웃사이더는 더욱 그렇다. 그나마 남아 있는 자존감마저 버려야 하기 때문이다. 비난 문화와 음모론은 그런 부담을 덜어준다.

당사자 개인의 책임을 인정치 않고 예견과 예방에 소홀한 제도, 구체적으로는 무책임한 정부 관료와 탐욕스런 기업에 책임을 묻는 비난 문화는 소송 혁명의 중요한 동력이다.[26] 소송의 폭발적인 성장을 뜻하는 소송 혁명은 1960년대 후반 미국에서 시작되어 점차 전 세계로 확산되었다. 그것은 책임의 과부하에 시달리던 개인에게 제도적으로 보장된 탈출구였다. 거리에서 넘어져 다친 사람들은 이제 자신의 부주의를 탓하거나 재수 없음을 인정치 않는다. 거리를 위험하게 만든 시공사나 당국에 보상을 청구할 자격이 있다고 느낀다. 그렇게 해서라도 책임에서 자유롭고자 한다.

자기 비탄에 빠진 사람들을 구해내는 것, 이는 소송 혁명의 공이다. 1979년 미국에서 한 어머니가 땅콩버터 회사를 제소했다. 아이에게 버터를 두텁게 바른 빵을 먹이다 아이가 질식사하자 회사를 제소한 것이다. 왜 제조사는 위험성을 미리 경고하지 않았는가. 아이를 잃어 자책하던 어머니는 그렇게 자신을 위로할 제도적 방법을 찾았다.

개인의 책임감을 약화시킨 비난 문화는 어떤 면에서 보면 책임 과잉에 시달리는 약자의 반란—물론 존 그리샴 소설에 자주 등장하는 '앰뷸런스를 쫓는 변호사ambulance chaser'

---

26) 같은 책, p. 669.

같은 소송 산업의 도움으로 촉발되었지만—일 수 있다. 그렇다고 기득권자들이 이에 속수무책인 것은 당연히 아니다. 우리는 이미 위에서 권력과 책임의 고리가 끊겼음을 지적했다. 그러나 절단이 노골적이어서는 안 된다. 은밀해야 한다. 이른바 비난 회피의 전략은 그런 배경에서 탄생한 것이다.

크리스토퍼 후드는 오늘날 공적 조직, 이를테면 공공 기관이나 공적 목적에 봉사하는 모든 조직이 "비난의 세계 blameworld"[27]가 되었다고 말한다. 비난의 세계에서 살아남기 위해서는 비난을 잘 처리해야 한다. 비난의 리스크가 높아졌기 때문이다. 비난 회피의 정치와 논리와 전략이 곧 "좋은 거버넌스"의 필수—충분은 아니다—요소가 되었다. 다양한 비난 회피의 전략에서 주목을 끄는 것은 스핀 닥터 spin doctor(미디어 조언자 또는 여론 조작자)를 이용한 프레젠테이션 전략이다. 형식적 민주주의가 실행되는 나라에서 기득권자의 면책특권은 은밀하게 보장되어야 한다. 은밀한 보장의 핵심은 정보와 여론의 흐름에 영향력을 행사하는 것이다. 스핀 닥터가 채용하는 다양한 설득—또는 조작—전략에서 음모론은 중요한 역할을 한다. 음모론적 정치 전략과 악마적 관점의 확대는 스핀 닥터를 통한 지배를 의미하는

---

27) 비난의 세계에 대한 설명은 Christopher Hood, 같은 책, p. 42의 표에 잘 정리되어 있다.

스피노크라시spinocracy의 확대로 이어진다.

정리하자. 비난 문화의 조건 속에서 소송 혁명과 비난 회피의 전략이 탄생했다. 양자의 공통점은 책임 전가와 회피다. 차이는 책임 추궁과 비난의 대상이다. 전자는 공적 조직을 겨냥하는 상향식bottom-up 방법이며, 후자는 이에 대응하는 하향식top-down 방법이다. 요컨대 비난 문화는 책임에서 벗어나려는 성향과 행동을 촉진한다. 이런 문화에서 음모론이 생기고 확산되는 것은 필연적이다. 음모론은 책임과 비난의 처절하고 절실한 사냥이기 때문이다.

9장

올바른 질문에 대한 잘못된 답변

어떻게 음모론을 믿지 않을 수 있겠는가

책임을 위기에 몰아넣고 민주주의를 파괴하는 '역사의 주역'들 앞에서, 그래서 더 넓어지고 깊어진 간극 앞에서 서민들은 자신의 고통과 원한을 곱씹으며 음모론 따위나 뒤적일 수밖에 없다. 한심해 보일 수도 있지만, 뒤적이기라도 해야 한다. 음모론은 최소한 아무도 하지 않는 일을 하기 때문이다. 질문하고 답하기 때문이다. 그래서 소중하다.

특히 설명을 요청하는 엄청난 정치적 사건이 발생하면, 음모론의 생성과 대중성은 일종의 비밀 효과의 징후로 이해할 수 있다. 음모론은 답할 수 없는 질문에 답한다. 거의 매일 스캔들이 일어나고 비밀들이 폭로되는 정치 문화가 번성하여 명확한 것도 없고 '궁극적인 진리'를 알 수 없는 상황에서는 더욱 그렇다. 비밀 효과는 갈등하는 이야기들의 다양한 버전을, 불신과 편집증의 공간을 개방한다. 갑자기 비밀들은 모든 곳에서 출몰하고, 모든 정치적 결정은 은폐된 기득권을 시사한다. 모든 일상적이고 예외적인 사건들을 사악한 네트워크가 통제하는 듯하다.[1]

간극은 넓어지고 깊어졌지만, 현실적 해결책은 요원하다. 부당함과 부정의와 불평등은 커졌지만, 도대체 방법이 없다. 이런 상황에 부응하여 또는 이런 상황을 적극적으로 조장하기 위해 기득권자들은 음모론적 정치 전략을 적극적으로 활용한다. 음모론을 이용하여 권력을 쥔 자들은 희생자 정체성을 찬탈하고, 정적을 악마화하여 책임을 전가하고 회피한다. 서민들은 책임 부담에 병을 앓지만, 기득권자들은 면책특권을 전략적으로 활용하여 조직적이고 구조적으로 책임을 지지 않는다. 무소불위의 국가권력을 이용하여 민주주의에 해가 되는 범죄를 저지른다. 국가범죄에 대한 의혹과 비판을 음모론이란 낙인을 찍어 묵살한다. "빠르게 비어

---

1) Eva Horn, "Logics of Political Secrecy," *Theory Culture & Society* 28(7-8), 2011, p. 119.

가는 공적 공간"[2]에서 권력을 비판하고 책임을 물을 방법도 사라진다. 오로지 남은 대안은 음모론뿐이다. 달리 대안이 없기에 약자의 무기를 꺼내 들 수밖에 없다. 그것이 억압의 망치와 절합된 기괴한 형태라 하더라도 꺼내 쓸 수밖에 없다. 그리고 억압의 망치와 약자의 무기가 충돌하면서 악마적 관점은 더욱 강화된다. 우리는 아직 최악의 상황을 보지 못했다.

사람들은 질문한다. 왜 음모론을 믿는가? 내가 보기엔 안 믿을 도리가 없다. 그들에게 되물어야 한다. '이런 상황'에서 어찌 음모론에 매혹당하지 않을 수 있겠는가? 비난의 세계, 음모론의 세계를 끝장내는 방법이 있는지 모르겠다. 당장 세계를 바꿀 수 없다면, 그곳에서 살아가는 데 필요한 지혜라도 구해야 한다. 20대의 한 배우가 이렇게 말했다. "항상 의심의 눈을 가지는 것은 슬프지만 보이는 게 전부 진실이 아닐 수 있다는 전제를 해야 현명한 사고를 할 수 있다."[3] 의심해야 한다. 슬픈 일이지만 그래야 한다. 보이는 게 전부가 아니라고 의심하는 것, 이것은 편집증과 음모론의 핵심

2) 지그문트 바우만, 『액체근대』, 이일수 옮김, 강, 2009, p. 64.
3) 박은경, 「유아인 "남이 안 하는 짓 하려면 용기가 필요하고 절박해야 '깡'이 나온다"」, 『경향신문』, 2013년 10월 3일자. http://news.khan.co.kr/kh_news/khan_art_view.html?artid=201310022228535&code=960401

이다. 그것은 또한 비판의 태도이자 과업이기도 하다. 물론 비판은 사신마지도 대상으로 하기에 편집증과 음모론과 다르다. 그런데 오늘날 비판이론은 곤경에 처했다.[4] 제 집단의 은어만을 구사하는 비판 공연자들은 외면당하기 일쑤이고, 제 곤경을 함께 해결하기보다 나름의 방식으로 해결하는 것이 낫다고 생각하는 관객들은 공연장(공론장)에 오지도 않는다. 공론장은 정말 텅 비었다.[5] 비판의 과제는 쌓이고 도구는 녹슬었다. 음모론을 믿을 수밖에 없는 이유가 여기에 있다. 다른 방도가 탐탁지 않으니 그럴 수밖에.

음모론의 잠재력과 한계

음모론을 믿지 않을 도리가 없지만 그렇다고 맹신할 수는 없다. 달리 말하면, 음모론에 내재된 위험성을 경계하면서 비판의 잠재력을 드러내야 한다. 음모론에 내재된 비판의 잠재력을 부각하는 일은 그것에 찍힌 부당한 낙인을 지워내는 데서 시작해야 한다. 물론 앞에서 살핀 바처럼 음모론

---

4) 지그문트 바우만, 같은 책, p. 62.
5) 리처드 세넷, 『현대의 침몰: 現代資本主義의 解剖』, 김영일 옮김, 일월서각, 1982.

이 권력이론의 측면에서 보이는 한계, 즉 권력의 불능화 이론이라는 한계를 무시해서는 안 된다고 생각한다. 음모론은 단지 "포위된 시민들의 최후의 도피처"[6]에 불과할 수 있기 때문이다. 그러나 초라해진 비판의 위상과 비판이론이 처한 곤경을 생각할 때 음모론의 비판적 잠재력을 무시하는 것은 너무 경솔하다.

음모론을 경솔하게 다루지 않아야 할 가장 중요한 이유를 뤽 볼탄스키는 이렇게 말한다. "어떤 요구를 거부하는 가장 효과적인 방법은 반박하지 않고 비정상적인 영역으로 몰아가는 것이다." 폭로와 고발의 형식으로 나타나는 저항적 음모론은 "반박"되지 않는다. 오히려 "비정상적인 것"으로 낙인찍혀, "미친 것, 변태적인 것, 아니면 편집증적인 것으로" 내몰린다. 바로 이런 이유 때문에 비판의 과업은 프랑크푸르트학파의 창설자 "세대가 그랬던 것처럼 사회적 부정의와 비판을 정신의학의 질문과 연결"하는 것이다.[7] 오늘날 편집증과 음모론을 사회 비판의 교두보로 삼아야 하는 까닭을 여기서 찾을 수 있다.

6) Ray Pratt, "Theorizing Conspiracy: Before and After 9/11," *Theory & Society* 32(2), 2003, p. 257.

7) Luc Boltanski·Axel Honneth, "Soziologie der Kritik oder Kritische Theorie? Ein Gespräch mit Robin Celikates," R. Jaeggi·T. Wesche(eds.), *Was ist Kritik*, Frankfurt am Main: Campus, 2009, p. 85.

그렇다고 음모론의 비판 정신을 과장해서는 안 된다. 음모론은 약자의 무기이지만, 억압의 망치로도 쓰이기 때문이다. 또한 음모론은 단지 궁여지책일 뿐이다. 더 정확히 말하면, "올바른 질문에 대한 잘못된 답변"[8]이기 때문이다. 질문과 답변을 분리해야 한다. 기본적으로 음모론은 올바른 질문을 제기한다. 왜 서민들은 고통을 겪을까? 왜 사회는 정의롭지 못할까? 왜 불평등은 커져만 가는가? 왜 부당한 일들이 일어날까? 공공 영역은 이에 침묵한다. 텅 비어버린 공공 영역은 답변은커녕 질문도 하지 않는다. 오직 상상의 해결책들이 고통과 곤경의 원인을 묻고 답한다. 그중 하나가 음모론이다. 그러나 음모론의 답변은 잘못된 것이다. 원인 제공자와 책임져야 할 자들은 이미 정해져 있다. 처방도 이미 정해져 있다. 여러 모습을 한 악마——유대인, 재일 조선인, 빨갱이, 은행가, 자본가——를 제거하면 된다. 안타깝게도 사안은 그리 간단치 않다. 구조가 중요한 역할을 할 가능성, 우리 자신이 공모자일 가능성, 문제제기가 잘못

---

8) Eva Horn, *Der geheime Krieg. Verrat, Spionage und moderne Fiktion*, Fischer Taschenbuch Vlg, Frankfurt am Main, 2007, p. 384. 음모론이 올바른 질문을 던지지만, 잘못된 답변을 제공한다는 조디 딘과 에바 호른의 생각은 슬라보예 지젝의 포퓰리즘에 대한 논의를 연상시킨다. 슬라보예 지젝은 "포퓰리즘이 실천적으로 (가끔씩) 옳지만, 이론에서는 옳지 않다"고 말한다. 슬라보예 지젝, 『잃어버린 대의를 옹호하며』, 박정수 옮김, 그린비, 2009, 6장을 참조하라.

되었을 가능성, 이런 가능성들을 음모론은 고려하지 못한다. 그러므로 조디 딘이 음모론에 대해 조심스러운 태도를 취하는 것에 귀 기울일 필요가 있다. "이론을 제공하는 대신에 질문함으로써"[9] 음모론은 민주주의에 기여한다. "그때 우리는 음모론이 비판이론이라고 말할 수 있을지도 모른다."[10] 질문으로 남을 때 음모론은 비판의 교두보가 될 수 있다. 답변이고자 과욕을 부리면 그것은 더 이상 비판이 아니게 된다. 망상이 된다. 도그마가 된다. 독백하는 신념 체계가 된다(3장 참조). 기회주의자의 알리바이가 된다.

음모론의 치유책

오바마 정부의 정보규제국을 이끌었던 카스 선스타인은 에이드리언 버뮬과 함께 흥미롭지만, 매우 위험한 생각을 한다. 그들은 악질적인 음모론, 특히 9·11 음모론의 "치유책"[11]

---

9) Jodi Dean, *Democracy and Other Neoliberal Fantasies, Communicative Capitalism and Left Politics*, Durham & London: Duke university press, 2009, p. 149.

10) Jodi Dean, *Publicity's Secret: How Technoculture Capitalizes on Democracy*, Ithaca, NY: Cornell University Press, 2002, p. 51.

11) Cass R. Sunstein·Adrian Vermeule, "Conspiracy Theories: Causes and Cures," *Journal of Political Philosophy* 17, 2009, p. 218.

을─더불어 음모론의 발생 이유에 대해 흥미로운 주장을 하지만, 그것은 우리의 관심사가 아니다─제안한다. 9 · 11 음모론이 민주주의 기본 질서를 침해하기에, 정부의 입장에서 이것을 치유해야 한다. "선뜻 생각할 수 있는" 치유책은 다섯 가지다. 정부는 (1) 음모론과 그것을 만드는 행위를 금한다. (2) 음모론을 유포하는 자들에게 일종의 세금을 부과한다. (3) 직접 음모론을 반박한다. (4) 민간단체를 공식적으로 고용하여 반박한다. (5) 민간단체가 음모론에 반박하도록 비공식적으로 독려한다.

음모론의 폐해를 막기 위한 치유책으로 (1)과 (2)는 적합지 않다. 억압하고 세금을 물리는 것은 가당치 않기 때문이다. 그렇다면 남는 것은 (3) (4) (5)다. "우리의 주된 정책 아이디어는 정부가 음모론을 생산하는 집단에 인지적으로 침투"하는 방법이며 구체적으로는 "(3) (4) (5)를 조합"하여 활용하는 것이다. '인지적 침투cognitive infiltration'는 정부가 직접 반박하거나, 민간단체를 고용하거나 또는 비공식적으로 그들을 꼬드겨서 반박하게 만드는 것이다. "선뜻" 생각할 수 있는 것이지만 "선뜻" 내키지 않는다. 국가기관의 다양한 '공작'을 경험한─아직 진행 중일 수도 있다─우리로서는 더욱 그렇다.

선스타인과 버뮬의 문제는 이거다. 첫째, (4)와 (5)는 명백한 여론조작이며, 그 자체 음모적 발상이다. 선스타인과 버뮬의 조언은 최근 한국에서 현실이 되었다. '댓글 공작'이나 '트위터 공작'은 인지적 침투의 전형적인 예다. 둘째, 음모론은 무조건 없애야 한다는 전제가 문제다. 2장에서 정리한 내용을 적용하면, 그들은 질병-음모론의 음모론 정의에 빠져 있다. 셋째, 수상하다. 정부는 언제나 올바른가? 음모론을 믿는 것이 문제인가, 아니면 그것을 믿도록 만든 상황이 문제인가? 음모론이 융성한 것이 문제인가, 아니면 음모론이 융성하게 된 배경이 문제인가? 선스타인과 버뮬이 무시한 것은 음모론이 실제 음모를 폭로한 것일 수 있다는 사실이다. 권력을 쥔 자들이 인지적 침투를 통해 자신에게 해가 되는 음모론, 하지만 시민의 입장에서는 합리적 의심이자 정당한 비판인 음모론을 없애려 노력하며, 또 그럴 능력이 있다는 사실을 무시한 것이다. 아니, 그 사실을 옹호한 것이다.

음모론 탄압이 공적 영역에 미치는 영향과 관련해서 루머에 대한 개리 앨런 파인의 평가를 경청할 필요가 있다. 루머와 신뢰의 "적절한 균형은 생산적인 공공 영역의 기초를 창출한다."[12] 물론 차이는 있지만 루머를 음모론과 같은 것

---

12) Gary Alan Fine, "Rumor, Trust and Civil Society: Collective Memory and Cultures of Judgment," *Diogenes* 213, 2007, p. 17.

으로 볼 수 있다. 음모론과 신뢰가 "균형을 이룰 때 그것은 시민사회의 번성을 위한 기초를 제공할 것이다." 루머와 음모론은 모두 아직 확인되지 않은 사항을 다룬다. 그런데 신뢰를 위해서는 루머와 음모론이 제시한 의문에 대해 탐사와 조사가 이뤄져야 한다. 깔아뭉개는 것은 신뢰 창출에 도움이 되지 않는다. 루머나 음모론이 제시한 의문을 탐사하고 조사하여 이에 답하는 것이 신뢰를 만들어가기 때문이다. 그러한 신뢰가 공공 영역의 기초를 창출한다.

공공 영역이 그리고 시민사회가 잘 기능하기 위해 필요한 신뢰는 의문에 대한 적절한 탐사와 조사로 담보된다. 루머나 음모론을 무조건 잘못된 것으로 낙인을 찍어 '비정상적인 것'으로 밀어내거나 인지적 침투로 무력화하지 않고, 적절한 절차를 통해 그것의 진위 여부를 따지는 것이 필요하다. 이라크 전쟁이든 9·11이든, '디도스'든 천안함 사건이든 세월호 참사이든, 아니면 국정원을 위시한 국가기관의 선거 개입이든, 정치적 사안에 대한 루머와 음모론을 정신병자나 종북주의자와 같은 정형화된 음모집단의 조작과 선동으로 낙인찍지 말아야 한다. 시민의 신뢰를 얻기 위해서는 사안을 공정한 절차에 따라 따지는 것이 지켜져야만 한다. 그것이 전제되어야 비로소 "불신하지 않으면서 의문을 제기"[13]할 수 있다.

불신하지 않으면서 의문을 제기할 수 있어야 공공 영역은 조작과 정당화의 전쟁터나 극단적인 루머와 음모론의 놀이 터가 아니라, 생산적인 긴장과 경쟁의 장이 될 수 있다. 물론 제기된 의문에 일일이 답하는 것은 피곤한 일이며 많은 비용을 요구하는 일이다. 그러나 의혹이나 비판을 억제하는 것은 더 큰 비용과 대가를 초래한다. 민주주의에 해롭기 때문이다. 권력을 "영속적으로 경계"하는 것은 "자유를 향유하기 위해 치러야 하는 대가"다.[14] 비싸고 힘들고 귀찮고 번 거롭다고 이런 의무를 게을리 하면 더 큰 대가를 치르게 될 것이다.

음모의 시대를 살아가는 방편

현 세계를 살아가는 우리 현대인들을 힘들게 하는 것은 아마도 복잡성과 불확실성일 것이다. 파악할 수 없을 만큼 모든 것들이 복잡하게 얽혀 있다. 비교적 단순한 일상적 과제

---

13) Gary Alan Fine, 같은 책, p. 17.

14) Charles Pigden, "Conspiracy Theories and The Conventional Wisdom," *Episteme: Journal of Social Epistemology* 4(2), 2007, p. 230.

앞에서도 우리는 자주 절망한다. 너무 복잡하고 꼬여 있기에 두뇌는 언제나 과부하에 걸려 있다. 확실한 것이 없다는 것도 큰 문제다. 어제까지 유효했던 건강 상식이 바로 오늘 폐기된다. 건강에 해가 된다던 카페인이 갑자기 치매와 기억력과 몸매 유지에 좋단다. 이렇게 복잡하고 불확실한 시대에 지친 사람들은 단순하고 확실한 것을 요구한다. 그리고 어려운 과정을 거쳐 한 번 믿게 된 바를 쉽게 포기하지 않으려 한다. 나쁘게 말하면 고집이지만, 좋게 말하면 신념이다. 신념을 포기하지 않는 것은 때로 멋져 보인다. 세계의 순간적 변화에 부화뇌동하지 않고 자신이 믿는 바를 '순수'하게 지켜내는 일은 때로 숭고한 과업일 수 있다. 다만, 신념이 고집이 되고 아집이 되어 근본주의적 독단이 되는 것은 정말 큰 문제다. 막스 베버는 이를 포착하기 위해 '신념윤리'라는 말을 썼다.

베버가 살았던 시기에는 신념윤리의 폐해가 적지 않았다.[15] 당시 급진적 또는 기회주의적 예언자들은 자신들이

---

15) 신념윤리와 책임윤리를 다루는 막스 베버의 『직업으로서의 정치』의 역사적 맥락에 대해서는 제프리 K. 올릭의 짧지만 유용한 소개를 참조하는 것이 좋겠다. 제1차 세계대전의 전쟁책임 문제를 평화주의(신념윤리)에 따라 처리하려는 독일 혁명정당의 안이한 태도가 책임윤리 등장의 배경이다. 베버는 신념윤리의 "필요성과 가능성, 결과에 눈 감은 입장"을 비판했다. 제프리 K. 올릭, 『기억의 지도: 집단기억은 인류의 역사와 사회, 그리고 정치를 어떻게 뒤바꿔놓았나?』, 강경이 옮김, 옥당, 2011, pp. 223~24, 239~40.

제시한 신념(원칙)을 지키면 지상낙원이 현실이 될 것이라면서 사람들을 꼬드겼다. 오늘날에도 신념윤리의 폐해는 여전하다. 음모론과 결합된 신념윤리는 유토피아가 곧 실현될 것이라고 유혹한다. 음모론과 음모론자는 신념윤리와 신념윤리가, 그리고 이들로 변장한 기회주의자들과 중요한 측면에서 같다. 이들은 인간의 평균적 결함을 인정치 않는다. 필연적 귀결은 자신의 신념에 부합하지 않는 결과의 부정, 따라서 결과에 대한 책임 전가와 회피다.

음모론은 음모집단의 전능함과 고발자인 자신의 완전함을 전제한다. 우연은 없으며, 모든 것이 계획되어 있다. '저편에 있는 진실'을 완벽히 아는 '예언자'인 나는 그것을 안다. 그러니 나를 믿어라. 내 예언이 사실이 아님이 밝혀지더라도 문제될 것은 없다. 세상이 문제인 것이지 내가 그런 것은 아니기 때문이다. 결과에 대한 책임은 내가 아니라 다른 사람, 즉 음모집단에게 있다. 이런 자기 확신(확증 편향)과 책임 전가와 회피는 저항과 통치의 음모론, 그리고 양자가 절합된 음모론 모두에서 공통적으로 나타난다.

음모론을 기득권의 정당화를 위해 적극적으로 활용하는 지배 엘리트들의 신념윤리와 기회주의적 성공윤리는 폭력에 의해 관철되기에 위험하다. 공모자로 지목된 집단에게는 특히 그렇다. 음모론 낙인으로 반대 의견을 폭력적으로 배제하기에 위험하다. 자신의 확정된 판단을 강요하기에 위험하다. 그러나 자신들에게는 유용하다. 음모론적 정치 전략은 정적을 악마로 만들어 모든 불만과 고통의 책임을 그들에게 전가할 수 있기에 유용하다. 모든 비판과 책임에서 자유로워질 수 있기에 유용하다. 지지자들의 마음을 쉽지만 강하게 취할 수 있기에 유용하다.

서민에게도 음모론은 유용하다. 서민은 문화적 혼돈에서 벗어나고 싶어 한다. 그런데 끝없이 높아지는 기대와 그에 상응해서 더 고통스러워진 현실의 간극을 해결할 방법이 없다. 달리 방도가 없기에, 상상적 해결책인 음모론의 유혹에 넘어가는 것이 편하다. 희생자 지위가 제공하는 면책특권의 유혹을 빗겨가기도 쉽지 않다. 부족한 내 자신을 인정하고 싶지 않다. 희생양에게 책임을 투사하지 않을 수 없다. 그들에게 르상티망을 풀지 않을 도리가 없다.

베버는 아마 이렇게 말할 것이다. 음모의 시대에 책임윤리가의 자세가 필요하다. 이미 말한 바처럼 책임윤리는 세 요소로 구성된다. 열정, 책임감 그리고 균형 감각. 어찌 보면 책임윤리는 시대착오적인 면이 있다. 열정마저 상품화된 마당에 열정을 가지라는 충고는 자기착취를 더하라는 말로 들릴 수 있다. 이미 감당할 수 없는 책임에 억눌리는 사람들

에게 책임에 당당하라는 충고는 염장 지르는 소리로 들릴
수 있다. 균형 감각, 특히 거리두기라는 요청도 난감하다.
자신의 위치도 잘 모르는 상황에서 거리두기란 객쩍은 말의
향연에 불과할 수 있다.

"그럼에도 불구하고!"[16) 음모의 시대를 사는 모든 이들에
게는 책임윤리가 필요하다. 대의에 헌신하는 열정을 잃어버
린 정치인은 권력만을 목표로 하는 현실정치인, 기회주의적
정치인에 불과하기 때문이다. 열정을 상실한 사람들은 자신
의 "운명을 당당하게 견딜 수 없는 사람"[17)이 되어 자신의
"일에 착수하여 '일상의 요구'를—인간적으로나 직업상으
로나—완수"[18)하지 못하게 된다. 일상의 요구를 완수하기
위해서는 책임감이 필요하다. 과도한 부담으로 책임의 질병
에 걸린 서민도 마찬가지다. 모든 것을 자신의 책임으로 감
수하라는 의미가 아니다. 오히려 내가 부담할 것과 남이 또
는 사회가 감수해야 할 것을 가리는 안목의 책임을 말하는
것이다.[19)

---

16) 막스 베버, 『직업으로서의 정치』, 전성우 옮김, 나남, 2007, 142쪽.

17) 막스 베버, 『직업으로서의 학문』, 전성우 옮김, 나남, 2006, 86쪽.

18) 같은 책, 87쪽.

19) Ludgar Heidbrink, Kritik der Verantwortung. Zu den Grenzen *verant-wortlichen Handelns in komplexen Kontexten*, Weilerswist: Velbrück Wissenschaft, 2003, pp. 30~32; Günther, "Zwischen Ermachtigung und Disziplinierung," p. 136.

당연히 안목의 책임은 무겁다. 신념윤리적 또는 기회주의적 음모론자들은 우리에게 안목의 책임을 덜어준다. 책임과잉의 시대에 고마운 일이다. 그러나 그것은 큰 비용을 요구한다. 그들의 신념이나 성공을 위해 우리가 이용당하면서 치러야 하는 비용, 나 또한 그들의 '악마'가 되어 파멸될 수 있다는 비용, 더 나아가 민주주의가 파괴될 수 있다는 비용. 안목의 책임은 곧 균형 감각을 가져야 함을 말한다. "사물과 사람"[20] 그리고 "자기 자신"[21]과 "거리를 둘 수 있"[22]어야 한다. 그래야 무조건 내 책임이라는 자발적 형벌이나 무조건 남의 책임이라는 거짓된 상상의 해결책에서 벗어날 수 있다. 또한 거리두기를 통해 자신이 완전하다고 믿는 가소로운 허울을 벗을 수 있다.

우리는 앞서 음모론적 정치 스타일이 만들 수 있는 최악의 결과물을 "악마적 관점"으로 묘사했다. 인간사에서 필수적인 경쟁과 투쟁을 전쟁으로 만드는 음모론적 정치 스타일은 악마에게 모든 고통의 책임을 전가하여 그들을 박멸함으로

20) 막스 베버, 『직업으로서의 정치』, p. 107.
21) Bryan S. Turner, *For Weber. Essays on The Sociology of Fate*, 2nd edition, London: Sage, 1996, p. 116.
22) 같은 책, p. 107.

써 문제를 해결할 수 있다는 망상과 환상을 유포한다.

악마적 관점	비극적 관점
I. 모든 고통은 악에서 비롯한다.	1. 살면서 모든 고통을 피할 수는 없다.
II. 타인은 생소하며 가면을 쓴 존재다.	2. 나쁜 행동은 선한 의도에서도 나올 수 있다.
III. 이미 잃어버린 것처럼 보이는 행복을 다시 찾을 수 있다.	3. 타인도 우리와 비슷하다.
IV. 고통의 원인들은 깊숙이 숨겨져 있다.	4. 타인이 경험한 것에 대한 특권적 통찰은 있을 수 없다.
V. 숨겨진 세력을 폭로하기 위해서는 특별한 종류의 지식이 필요하다.	5. 급진적인 문제 해결은 고통을 더 크게 만든다.
VI. 문제 해결의 전제 조건은 자신이 지은 죄의 참회다.	6. 고통의 편재성은 수용과 공감과 위로를 요구한다.
VII. 궁극적 문제 해결은 숨겨진 악의 무리를 박멸하는 것이다.	

〈표 5〉 악마적 관점과 비극적 관점의 비교[23]

이에 맞서는 것이 "비극적 관점"이다. 비극적 관점이 악마적 관점과 다른 점은 '고통의 책임=타자=악마'의 공식을 거부하는 데 있다. 선과 악, 우리와 그들의 이원론을 거부하는 것이다. 비극적 관점은 책임윤리의 교훈을 반영한다. 책임윤리는 인간의 '평균적 결함'들을 겸허히 받아들인다. 책임윤리는 또한 '인간의 선의와 완전성을 전제할 어떠한 권리도 없다'는 것을 인정한다. 무엇보다 책임윤리는 '예

---

23) 같은 책, pp. 48~86의 내용을 필자가 표로 재구성한 것이다.

측할 수 있는 한도 내에서의 자신의 행동의 결과를 다른 사람에게 뒤집어씌울 수 없다'고 믿는다. 이렇게 '고통의 책임=타자=악마'의 등식은 해체된다.

비극적 관점은 고통이 타인에서 비롯한 것이라는 간명한 이원론적 진단을 거부한다. 고통은 회피될 수 없는 필연적인 것이다(1). 고통의 회피 불가능성과 편재성은 고통에 대한 태도를 변화시킨다(6). 상황을 따져보거나 자기를 돌아봄 없이, 내가 겪는 고통의 부당함을 과장하지 않는다. 지금은 빗겨간 고통이 언젠가는 내 몫이 될 수 있음을 알기에, 고통받는 자들을 혐오하지 않고 감정 이입하여 위로와 연대를 준비한다. 또 의도와 행동의 결과가 일치하지 않을 수 있다는 점을 인정한다(2). 좋은 뜻이 나쁜 결과를 가져올 수도, 나쁜 뜻이 좋은 결과를 가져올 수도 있다. 그리고 타인에 대한 우리의 시각이 우월하다고 생각—반대로도 마찬가지다—하지 않는다(4). 타인의 생소함이 그들과 우리의 근본적 차이를 말하지 않는다. 근본적으로 그들은 우리와 크게 다르지 않다(3). 그들과 다투는 상황이 발생하더라도, 이를 '간명'하게—그들을 박멸함으로써—해결할 수 있다고 생각하지 않는다. 오히려 더 큰 고통이 생길 수 있다는 점을 경계한다(5).

'고통의 책임=타자=악마'의 공식을 추종하는 악마적 관점에서 고통의 원인과 책임은 악에서 비롯한다(I). 악은 타인에 깃들어 있다. 타인은 악마다. 타인는 자신이 악마임을 가면(II)으로 숨긴 채 선한 이들에게 예정된 행복한 세상을 파괴하려는 음모를 꾸민다(IV). 악마의 음모를 외부자가 알 수는 없다. 그래서 당사자의 참회, 내부고발이 필요하다(VI). 내부고발자가 폭로한 특별한 지식, 즉 음모론을 통해 음모를 가늠할 수 있다(V). 잃어버린 행복을 되찾는 일은 (III) 간명하다. 음모론의 인도 아래 악마를 박멸하는 것이다(VII). 이것은 "선교사적인 열정"[24]을 부추긴다.

3장에서 인용한 선교사의 예를 다시 생각해보자. 1천 명이나 되는 선교사가 중국에 파견되었지만, 그들의 관심사는 토착민들의 개종이나 구원이 아니었다. 오로지 중요한 것은 신의 뜻을 전하려는 신념에 따라 선교 활동을 하는 것이었다. 중국인들이 그것을 어떻게 받아들일지, 또는 중국어를 모르는 선교사들이 설교를 어떻게 해야 할지는 전혀 중요치 않다. 선교사적 열정에 휩싸여 선과 악의 이분법을 설파하는 급진적 예언자들도 이와 비슷하다. 중요한 것은 악의 박멸이라는 신념과 대의이며, 그 결과의 책임은 당연히 예언자 자신이 지지 않는다. 남의 소관이기 때문이다.

---

24) 같은 책, p. 75.

선교사인 척하는 기회주의적 예언자들은 더 문제다. 권력과 부와 허영심을 위해 '악'을 발명하고 발견하여 악마로 낙인찍힌 자들을 위험에 몰아넣는 기회주의적 음모론자들. 행위 결과의 책임을 지는 것은 가당치도 않다. 오로지 자신의 성공 여부만 책임진다(3장의 〈표 1〉). 신념윤리적이든 기회주의적이든 정치적 음모론자들은 음모론적 정치 전략을 통해 지지자를 동원하고 상대방을 말살하려 노력한다. 그들은 악마적 관점을 통해서 '정치적인 것'을 봄으로써, 정치적 경쟁과 투쟁을 전쟁으로 만들려 노력한다(8장의 〈표 4〉). 우리가 강력히 원한다고 또는 선언한다고 비극적 관점으로 악마적 관점을 대체할 수는 없다. 우리가 할 수 있는 일은 경계의 의무에 헌신하는 것뿐이다. 자유를 향유하기 위한 대가인 권력을 경계하는 의무 말이다.

비극적 관점은 결코 숙명주의가 되어서는 안 된다. 고통의 회피 불가능성과 편재성을 숙명으로 받아들여야 하는가? 그럼으로써 고통의 책임자들에게 면죄부를 발행해야 하는가? 호네거와 동료들은 2008년 금융위기의 원인으로 인간의 '탐욕'을 강조하는 '구조적 무책임성'의 전략을 경고했다.[25] 그에 따르면, 탐욕스런 존재로서 우리 모두는 전략

---

25) Claudia Honegger·Sighad Neckel·Chantal Magnin, "Sturkturierte Verantwortungslosigkeit," Claudia Honegger·Sighard Neckel·Chantal

적으로 또는 무지하여 그냥 파생상품의 도박판에 참여했다. 금융 엘리트와 우리 모두는 그 사태의 발단과 전개와 파국에 공동 책임이 있다. 게다가 금융 시장의 자연적인 폭력 즉, 쓰나미에 우리 모두 당할 수밖에 없었다. 따라서 금융 엘리트에게만 책임을 묻는 것은 부당하다. 그들도 우리 모두와 마찬가지로 '순진'하고 탐욕스런 도박꾼이었고, 쓰나미에 '당한' 피해자일 뿐이다.

금융 엘리트의 책임과 일반 도박꾼의 책임을 우리는 정치철학자 아이리스 영의 주장을 따라 "죄"와 "정치적 책임"으로 분리, 대체할 수 있다.[26] 아이리스 영은 범죄나 잘못을 저지르거나, 자신의 행위를 통해 그것에 직접적으로 기여한 자의 책임을 "죄"로 정의한다. "정치적 책임"은 그런 일이 일어나도록 "정부나 제도, 혹은 실천을 능동적·수동적으로 지원한 경우" 생기는 것이다.[27] 영의 구분은 인과적 책임과 재발 가능성이라는 기준에서 이뤄진다. 죄는 과거지향적인 것으로 과거에 일어난 사건에 대한 인과적 책임을 묻는 것이다. 이에 반해 정치적 책임은 재발 가능성을 염두에 두

Magnin(eds.), *Strukturierte Verantwortungslosigkeit. Berichte aus der Bankenwelt*, Frankfurt am Main: Suhrkamp, 2010.

26) 아이리스 M. 영, 「죄 대 책임」, 『정치적 책임에 관하여』, 허라금·김양희·천수정 옮김, 이후, 2013을 참조하라.

27) 같은 책, p. 165.

고 책임을 묻는 것이다. 금융위기와 관련해서 죄를 묻는 경우에는 파생상품의 개발자와 판매자, 그리고 이를 감독하고 관리해야 하는 회사나 국가기관의 책임을 추궁해야 한다. 도박판에 참여한 일반 참여자인 우리 모두에게 '죄'를 물을 수 없다. 그렇다고 이들이 책임에서 완전히 자유로운 것은 아니다. 왜냐하면 우리 스스로가 "이런 제도를 운용하는데 참여하거나 통상 이득을 보"았기 때문이다.[28] 따라서 앞으로 우리가 소속된 제도가 그런 일을 벌이지 못하도록 만들어야 할 책임이 우리에게 있다. 죄를 추궁당하지 않은 우리들은 금융의 도박판이 다시 벌어지지 못하도록 감시하고 견제할 정치적 책임이 있는 것이다. 죄와 정치적 책임을 구분하는 시도는 고통의 기원을 자연(인간의 본성인 탐욕과 시장의 자연적 원리)에 두려는 자들과 대립하면서 숙명주의를 넘어서려는 것이다.

악마적 관점을 좇아 '그들'을 단죄함으로써 '우리'를 정화하는 것은 비교적 단순하며 쉬운 해결책이다. 진정으로 어려운 것은 '그들'과 '우리'의 공모 관계를 인정하여 우리의 '정치적 책임'을 따지는 것이다. 바로 여기서 구태의연해 보이는 책임윤리가 빛을 발한다. 책임윤리의 세 요소 중 하나

---

28) 같은 책, p. 166.

인 균형 감각은 사물, 다른 사람(타자)은 물론이고 자기 자신 및 '우리'와 거리를 두는 것이다. 객관적 시야를 확보하는 것이다. 이것이 확보되어야 '그들'과 공모자인 나 자신과 우리 자신에게 죄와 책임을 물을 수 있다. 객관적으로 죄와 책임을 묻는 행위의 동력은 당연히 열정이다. 대의에 대한 헌신이다. 고통과 부정의와 부당함과 불평등의 제거라는 대의에 대한 헌신이다. 그러나 헌신이 대의를 실현하는 보증수표는 아니다. 오히려 헌신이 대의 실현을 가로막는 장애물일 수 있다. 대의를 실현하기 위해 노력하지만, 그 노력 자체가 대의의 뿌리를 잠식하는 것, 바로 이것이 비극이다. 막스 베버는 사회 과정의 비극적 성격을 간파했다.[29] 종교는 자신의 완성을 위해 노력했지만 결국엔 자기파괴의 동력을 만들었으며, 현대적 조직(관료제)은 합리성의 신장을 위해 노력했지만 오히려 비합리성을 확대했다.

불가능한 것을 안다. '그럼에도 불구하고' 포기해서는 안 된다. 포기는 지금 여기서 그나마 이룰 수 있는 것을, 조금이라도 개선할 수 있는 바를 포기하는 것이기 때문이다. "인간적 현실에 내재된 한계를 수용하면서, 개선을 위해 스

---

29) 그래서 슈테판 브로이어는 막스 베버의 사회학을 비극적이라 묘사했다. Stefan Breuer, *Max Webers tragische Soziologie*, Tübingen: Mohr Siebeck, 2006, p. 2 이하.

스로를 헌신"[30]해야만 한다. 『직업으로서의 정치』의 마지막 구절을 빌려 마무리한다. 끝까지 읽어준 고마운 독자

여러분, 10년 후에 이 문제에 대해 우리 다시 한 번 이야기합시다. 〔……〕 거의 아무것도 성취되지 못했을 것입니다. 〔……〕 여름의 만개가 아니라, 일단은 등골이 오싹한 어둠과 고난에 찬 극지極地의 밤이 우리 앞에 놓여 있습니다. 〔……〕 이 밤이 서서히 물러가고 난다면, 〔……〕 과연 누가 아직도 살아 있을까요? 그리고 여러분들 모두는 그때 내적으로 어떻게 되어 있을까요? 쓸쓸함에 빠져 있거나 또는 속물근성에 젖어 있을까요? 세상과 직업을 있는 그대로 단순하고 덤덤하게 감수하고 있을까요? 아니면 〔……〕 신비주의적 현실 도피에 빠져 〔있을 수도 있겠지요.〕 〔……〕 이런 모든 경우에 대해 나는 아래와 같은 결론을 내릴 것입니다. 위의 상황에 빠진 자들은 자기 자신의 행동을 감당해낼 수 있는 능력이 없었으며, 실제로 있는 그대로의 세상을 감당해낼 능력도 없었으며, 또 이 세상에서의 일상을 감당해낼 능력도 없었습니다. 〔……〕 지도자도 영웅도 아닌 사람이라 할지라도, 모든 희망의 좌절조차 견디어낼 수 있을 정도로 단단한 의지

30) Haim Omer·Nahi Alon·Arist von Schlippe, 같은 책, p. 66.

를 갖추어야 합니다. 지금 그래야 합니다. 그렇지 않으면 우리는 오늘 아직 가능한 것마저도 달성해내지 못할 것입니다. 자신이 제공하려는 것에 비해 세상이 너무나 어리석고 비열하게 보일지라도 이에 좌절하지 않을 자신이 있는 사람, 그리고 그 어떤 상황에 대해서도 "그럼에도 불구하고!"라고 말할 능력이 있는 사람, 이런 사람만이[31]

음모와 음모론의 시대를 '잘' 살아갈 수 있을 것입니다.

---

31) 막스 베버, 같은 책, pp. 139~42.

찾아보기

ㄱ